国語授業アイデア事典

深い学びを実現する！

小学校国語科
「習得・活用・探究」
の学習過程を工夫した
授業デザイン

細川太輔・大村幸子 編著

明治図書

はじめに

　子ども主体の学習で，なおかつ力の付く学習とはどのようにつくればよいのだろうか。筆者はそれをずっと考えてきた。学校の授業で力を付けようとして教えこもうとすると子ども主体の学習にはならないし，子ども主体の学習で自由に学ばせようとすると力が付きにくい。

　それではどうしたらよいのか。そのヒントは実は社会にたくさんある。大人は仕事をしながら学んでいる。学んでから仕事をするのではなく，仕事をしながらその場で必要な能力を学んでいることが多いと考える。読者のほとんどである現場の先生方も教員の仕事をしながら何を学ぶべきかを発見し，それを学ぶために努力していらっしゃるのではないだろうか。教師になるために必要なことを全部学生の間に学ぶのは無理であるし，そんなことをしていたら教師になるのに何十年もかかってしまうことが予想される。
　しかし学校の授業だけはまず教えてから活動させるということがほとんどである。しかし探究や活用の中に習得があるというのが本来の学習なのではないだろうか。まず何を学ぶべきか探究してみたり，とりあえず今まで学習してきたことを活用してみたりして，その中で必要なことを見つけ，それを習得していくというのが自然な学習であるし，学習者主体の学習と言えるのではないか。先に習得があると，学習者は受け身の姿勢にならざるを得ず，主体的な学習にならない。

　また探究や活用から始め，学ぶべきことを自分で見つけるということは探究力を育てることにもなると考えられる。現代は不安定で変化が急速で予想が不可能と言われている。これが必要だと学校で教わっても，それが大人の時に必要になるという保証はどこにもない。今必要な能力は，何が問題かを発見し，それを解決するにはどのような能力が必要かを考え，その能力を身

に付けるための方法を自分で考えて，その能力で問題を解決するという探究力なのである。このような探究力を付けるためにも習得から始めるのではなく，探究や活用の中に習得があるというように学習過程を変えていく必要があるのである。

　本書では，そのような学習過程をどうデザインしていくのかを提案する。Chapter 1 では，理論編として学習過程の工夫がどうして今必要なのか，そしてどのように考えればよいのかについて説明する。Chapter 2 では，準備編としてそれぞれの学習過程の組み方の特徴と留意点について具体的に述べる。Chapter 3 では，実践編として各学年2つずつ12本の実践事例を紹介する。どれも効果的な事例であり，読者の先生方の参考になることが間違いないであろう。

　本書が子どもの主体的な学習を目指している読者の先生方に，少しでもお役に立てたら幸いである。

2017年3月

編著者を代表して　**細川太輔**

目次 Contents

はじめに ………………………………………………………………………… 2

Chapter 1 理論編
主体的・対話的で深い学びを実現する国語授業の学習過程とは …… 8

1 今求められている学力とは ……………………………………… 8
　1 日本の教育改革の流れ …………………………………… 8
　2 国際的な教育改革の流れ ………………………………… 9

2 主体的・対話的で深い学びを実現する学習過程とは ……… 10
　1 資質・能力と学習過程 …………………………………… 10
　2 学習過程の順序と資質・能力の関係 …………………… 11

3 習得・活用・探究の考え方 ……………………………………… 14
　1 習得・活用・探究の考え方 ……………………………… 14
　2 習得・活用・探究の学習過程 …………………………… 15
　3 実生活と探究とのつながり ……………………………… 16

Chapter 2 準備編
「習得・活用・探究」を取り入れた国語授業の学習過程アイデア …… 18

1 学習過程の組み方のポイント …………………………………… 18
　1 学習過程の順序 …………………………………………… 18
　2 交流の位置づけ …………………………………………… 18
　3 探究につながる活動の導入 ……………………………… 19

		4 ふり返り …………………………………………………	19
		5 柔軟な学習過程 ……………………………………………	20
	2	学習過程の組み方の特徴と指導の工夫 ……………………………	21
		1 習得→活用型学習過程 ……………………………………	21
		2 活用→習得型学習過程 ……………………………………	22
		3 探究につながる導入の工夫 ………………………………	23
		4 探究的な活動を導く終末の工夫 …………………………	24
	3	交流の位置づけ …………………………………………………	25
		1 最初に交流を位置づける場合 ……………………………	25
		2 途中に交流を位置づける場合 ……………………………	26
		3 最後に交流を位置づける場合 ……………………………	27
		4 自由に交流を行う場合 ……………………………………	28
	4	ふり返りの位置づけ ……………………………………………	29
		1 最初のふり返り ……………………………………………	29
		2 途中でのふり返り …………………………………………	30
		3 最後のふり返り ……………………………………………	31
	5	柔軟な学習過程 …………………………………………………	32
		1 往復する学習過程 …………………………………………	32
		2 時間配分の柔軟化 …………………………………………	33
		3 個に応じた学習過程 ………………………………………	34
	6	まとめ　国語科の学習における学習過程の工夫とは …………	35
		1 習得・活用・探究の視点から ……………………………	35
		2 交流の視点から ……………………………………………	36
		3 ふり返りの視点から ………………………………………	36
		4 柔軟な学習過程について …………………………………	37

Chapter 3 実践編
深い学びを実現する学習過程を工夫した学年別・国語授業プラン 38

1 第1学年 話すこと・聞くこと 38
子どもの学習意欲を大切にした話すこと・聞くことの学習過程
　単元名　なつやすみのおもいではっぴょうかいをひらこう

2 第1学年 読むこと 46
学校行事への意欲を生かした,探究から始める学習過程
　単元名　みんなで「どうぶつえんのかくれんぼ」をつくろう

3 第2学年 書くこと 54
子どもの主体的な学びにつながる書くことの学習過程
　単元名　くみ立てを考えて書き,知らせよう

4 第2学年 読むこと 62
生活体験と関連づけて読み進め,他の文章と比べて読みを深める学習過程
　単元名　読んでわかったことをまとめよう

5 第3学年 書くこと 70
書く相手や目的,学習のゴールを明確にした学習過程
　単元名　○○小「何これ？」調査隊―学校にある「何これ？」を調べて報告する文章を書く

6 第3学年 読むこと 78
子どもが主体的に問題解決学習に取り組む学習過程
　単元名　自分たちだけの「くらべ図かん」を作ろう

7 第4学年 話すこと・聞くこと 86
虚構空間での体験を通した「気付き」「学び」「活用」のある学習過程
　単元名　コミュニケーションについて考えよう

8　第4学年 読むこと ……………………………………… 94
　　メタ認知を生かした探究から始める学習過程
　　単元名　サイエンスワールドへようこそ―情報を整理し，要約して発信しよう

9　第5学年 話すこと・聞くこと ……………………………… 102
　　実の場における探究のために協同的に話し合う学習過程
　　単元名　みんなのワークスペースをつくろう―自分たちのアイデアを校長先生に提案しよう

10　第5学年 読むこと ……………………………………… 110
　　一枚ポートフォリオで学びを蓄積し，読む力の習得をメタ認知する学習過程
　　単元名　椋鳩十の作品を読み味わい，「読みシュランガイド」で紹介しよう

11　第6学年 話すこと，読むこと …………………………… 118
　　子どもの思いと教師の願いからつくる「習得→活用」を積み重ねる学習過程
　　単元名　賛否両論！今，話し合いたいこの話題

12　第6学年 書くこと ……………………………………… 126
　　学びに向かう力を高める活用を意識した単元開発と学習過程
　　単元名　12歳の恋文－自分の思いを随筆的文章で書こう

おわりに ………………………………………………………… 134

Chapter1
理論編
主体的・対話的で深い学びを実現する国語授業の学習過程とは

1 今求められている学力とは

1 日本の教育改革の流れ

　文部科学省がアクティブ・ラーニングを提案してから日本でも新しい学力観に向かって学習指導要領改訂が進んでいる。文部科学省中央教育審議会が12月21日にまとめた「幼稚園，小学校，中学校，高等学校及び特別支援学校の学習指導要領等の改善及び必要な方策等について（答申）」には以下のように示されている。

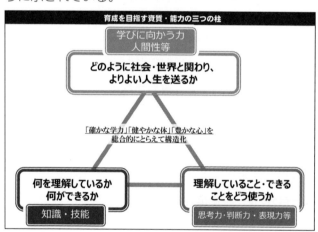

　つまり，「生きて働く知識・技能の習得」という知識の獲得だけでなく，「未知の状況に対応できる思考力・判断力・表現力等」の育成，「学びを人生や社会に生かそうとする学びに向かう力・人間性の涵養」の育成が求められるようになってきたのである。知識だけでなく，思考力や学びに向かう力・人間性までを含めた幅広い資質・能力をバランスよく育成することが求められているのである。

　そのために3つの授業改善の視点を提案している。それが以下の3つである。

①学ぶ意味と自分の人生や社会の在り方を主体的に結びつけていく「主体的な学び」

②多様な人との対話や先人の考え方（書物等）で考えを広げる「対話的な学

び」
③各教科等で習得した知識や考え方を活用した「見方・考え方」を働かせて，学習対象と深く関わり，問題を発見・解決したり，自己の考えを形成し表したり，思いを基に構想・創造したりする「深い学び」

　主体的で，対話的で，深い学びをすることにより，先に挙げた３つの資質・能力を育てることが新しい学習指導要領の改訂の方向性として示されていることを我々は理解していく必要があるだろう。

2　国際的な教育改革の流れ

　このような動きは決して日本だけではない。いろいろな国際チームが知識だけではなく，思考力や人間性も含めた総合的な資質・能力を育てるように指摘している。例えばOECDも学力を知識だけではなく，スキルとemotional quality（情緒特性）の３つをコンピテンシーの柱として定めている。このように日本だけではなく，世界中で学力観が変わってきており，日本でもそれに対応することが急務であると考える。

　その理由として考えられるのは産業構造の急激な変化である。ICTの発達に伴い，新しい仕事がたくさん生まれ，前にあった仕事は急激になくなっている。そのため子どもの時に覚えた知識が大人になって通用しないことがたくさん起こると予想される。今必要なのは知識だけではなく，新しい状況に対応できる能力である。そのため知識だけでなく，思考力や人間性までを含めた幅広い能力を育てる必要が強調されてきたのである。

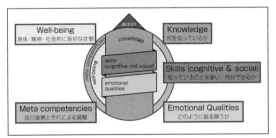

OECD JAPANセミナー資料より

　このような理由から知識・技能，思考力・判断力・表現力等，学びに向かう力・人間性等の資質・能力の３要素が求められるようになってきたと考えられる。

2
主体的・対話的で深い学びを実現する学習過程とは

1 資質・能力と学習過程

　では知識だけではなく，思考力や学びに向かう力・人間性までも育てるにはどのようにしたらよいのだろうか。そのポイントになるのが学習過程であると考える。先にも論じたように文部科学省は「何を学ぶか」だけではなく，「どのように学ぶか」「何ができるようになるか」も学ぶように主張している。この「どのように学ぶか」がそのまま学習過程となる。

　実際文部科学省教育課程部会「国語ワーキンググループにおける審議の取りまとめ」に以下のように書かれている。

> 　国語科においては，ただ活動するだけの学習にならないよう，活動を通じてどのような資質・能力を育成するのかを示すため，資料3のとおり，現行の学習指導要領に示されている学習過程を改めて整理し，「話すこと・聞くこと」「書くこと」「読むこと」の3領域における学習活動の中で，三つの柱で整理した資質・能力がどのように働いているかを含めて図示した。

　つまり言語活動を通してどのような資質・能力が育成されるのかを明らかにするために学習過程を明示したのである。例えば読むことと書くことの学習過程は次頁の図のように示されている。

　読むことと書くことがそれぞれの学習過程で，資質・能力で結びついていることがこの表から分かる。また図の右下に小さく「必ずしも一方向，順序性のある流れ」ではない，と書かれていることにも注目したい。必ずしも文章を書く時に取材，構成，記述，推敲と進むわけではなく，記述した後に再取材することもあるし，推敲を通して構成を考え直すこともある。このよう

に学習過程を柔軟にしていくことも示唆されていると解釈することもできるだろう。つまりこの表から2点のことを考えることができる。
①学習過程は資質・能力と結びついている。
②学習過程は一方向，順序性のあるものではない。

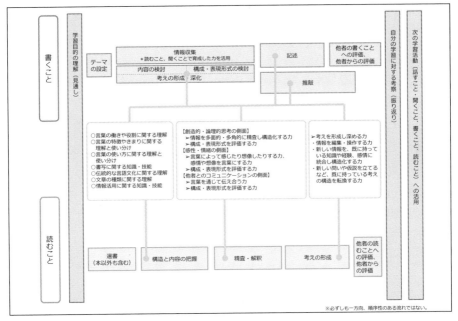

　このことから本書は学習過程の順序を変えていくことにより，子どもに知識・技能，思考力・判断力・表現力等，学びに向かう力・人間性等を総合的に育てることを提案するものである。

2　学習過程の順序と資質・能力の関係

　学習過程の順序が知識だけでなく，思考力・判断力・表現力等，学びに向かう力・人間性等の育成においても重要であるということをもう少し詳しく考えてみる。例えば物語で登場人物の行動を読むという指導事項を学習するために，音読劇という言語活動を行うとする。学習過程として考えられるのは，学級で物語を読む，動作化する，話し合う，発表するという4つが考え

られる。これを3つの形式で並び替えてみる。

　まずよくあるのが以下のような順序で学習過程を組む形式である。

| 学級で物語を読む | ➡ | 動作化する | ➡ | 話し合う | ➡ | 発表する |

という順序で学習過程を組む形式である。このような順序は知識をしっかりと定着させるのを目的とする学習でよく行われる。まず教師と一緒に物語を読み，登場人物の行動をとるべきか教師から教わる（または話し合って考える）。そしてそこで理解したことをもとに動作化し，それでよいかどうかグループで話し合い，最後に発表するという流れになる。このような流れになると子どもたちは確かに登場人物の行動をしっかりと理解することはできるが，子どもたち自身でどこが音読劇のポイントかを考えたりするのは難しい。その後の動作化や話し合い，発表は教師から教わった読みに合っているかどうかを話し合う場合が多く，子ども主体の学習にはなりにくい。このような学習では問題を見つける思考力や，子どもが主体的に学ぼうとする学びに向かう力は育ちにくいと考える。

　それでは学習過程を変えてみる。以下のような流れにしたらどうだろうか。

| 動作化する | ➡ | 話し合う | ➡ | 発表する | ➡ | 学級で物語を読む |

という流れにしてみるとどうだろう。まず子どもたちが動作化する。そのことにより，子どもたちはどう動作化するかを自分で考えなければならないので，主体的に話し合うであろう。その後発表すると友達の班と登場人物の行動の動作化が異なることに気付く。そこでなぜ違ってきたのかを考えるために学級全体で登場人物の行動を読むのである。このような学習では子ども自身が問題を発見し，集団で問題解決を行うことになる。また子ども自身が話し合うべきところを見つけるので，子ども主体の学習になる。このようにすると問題解決的な思考力や，主体的に学ぶという学びに向かう力も育成でき，登場人物の行動を読むという知識・技能だけでなく，思考力・判断力・表現力等，学びに向かう力・人間性等をも育てられる。

もう1つ形式を考えてみよう。この形式は,

動作化する ➡ 話し合う ➡ 発表する

の中に「学級で物語を読む」を随時入れていくという形式である。発表で異なるところを見つけて読むべきところを見つけるだけではなく,動作化している段階や話し合っている段階で,子どもたちが困っているようであれば学級で読むことを取り入れるという形式である。先にも論じたように学習過程は決して一方向に進むのではなく,行ったり来たりするものであると考えている。このように動作化と学級で読むを柔軟に繰り返すという方法は,子どもたちにとって学びたい時に学びたい内容を学ぶことができるので,主体的な学習になりやすい。また子どもたちが見つけた問題をすぐ取り上げるので,当然問題解決的な思考力も身に付けることができる。このような学習過程の形式は教師にとってコントロールしにくい一方で,子どもたちにとっては主体的な学習になる。教師は自分の決めた指導案通りに授業を進めるのではなく,子どもの学習をよく観察し,問題解決的な思考が生まれている場面で,学級で読むべきタイミングを逃すことなく取り上げることになる。そのため教師にとっては難しい授業になるのである。

　つまり学習過程を単純化すると以下の3つが考えられる。

①教えてから活動する形式
②活動してから教える形式
③活動の中に教えるを入れ込む形式

である。同じ学習過程なのに順序を変えるだけで子どもが学ぶ資質・能力が大きく変わってくることが見えてきたのではないだろうか。

3

習得・活用・探究の考え方

1 習得・活用・探究の考え方

　同じことが習得・活用・探究の視点からも言える。文部科学省は平成20年度学習指導要領の総則解説において，以下のように習得，活用，探究について位置づけている。

> 　各教科において基礎的・基本的な知識・技能の習得を重視するとともに，観察・実験やレポートの作成，論述など知識・技能の活用を図る学習活動を充実すること，さらに総合的な学習の時間を中心として行われる，教科等の枠を超えた横断的・総合的な課題について各教科等で習得した知識・技能を相互に関連付けながら解決するといった探究活動の質的な充実を図ることなどにより思考力・判断力・表現力等を育成する

　つまり，知識を習得するだけではなく，それを活用したり，教科横断的な課題で，習得した知識・技能を用いて探究したりすることで，思考力・判断力・表現力等が身に付くとしている。また以下のようにも書かれている。

> 　これらの学習活動は相互に関連し合っており，截然と分類できるものではなく，知識・技能の活用を図る学習活動や総合的な学習の時間を中心とした探究活動を通して，思考力・判断力・表現力等がはぐくまれるとともに，知識・技能の活用を図る学習活動や探究活動が知識・技能の習得を促進するなど，実際の学習の過程としては，決して一つの方向で進むだけではないことに留意する必要がある。

　つまり習得・活用・探究のプロセスもはっきりと分類できるものではなく，

探究の中に習得や活用があったり,一方向で進むべきものではないとしている。このような考え方は新学習指導要領にも生かされていると考える。

例えば教育課程部会の国語ワーキンググループの4月20日の会議資料2には,以下のように書かれている。

> 習得,活用,探究という学習プロセスの中で,問題発見・解決を念頭に置きつつ,深い学びの過程が実現できているかどうか。

つまり国語科の学習では問題発見・解決という大きな枠組みの中で習得・活用・探究をとらえていくべきだと主張していると読むことができよう。

2 習得・活用・探究の学習過程

以上のような文部科学省の方向性から以下のようなことが考えられる。
元来よく使われる学習過程の流れは以下の様なものであろう。

習得をさせ,その後活用し,探究に広がっていくという考え方が日本にはどうしても強くある。実生活の中で学ぶ際には,とりあえずやってみて分からなかったら教わるという形式や,実際に活動している間に問題がおきて,それを解決するために習得し,活用する形式の方が自然ではないだろうか。どう使うか分からないけれど教える人が重要だと考えているので,とりあえず習得するという学習は実生活ではほとんど見られない。しかし,それが多く行われているのが残念ながら学校教育の現状である。

このような学習の最大の欠点は学習者の学びに向かう力・人間性等が育ちにくいことである。そこで筆者は単元全体を探究活動とし,単元の最初と最後に探究につながる活動を取り入れることを提案する。

先にも述べたように単元全体を探究的な活動にする。探究のために習得や活用を行っていくという考え方である。そのためにいきなり習得や活用から

始めるのではなく，単元全体が探究になるように探究につながる活動から単元を始める。例えばお薦めの本を伝えるにはどうしたらよいのか，など探究につながるように単元を始めるのである。

また始まりだけではなく，単元の終わりにも探究につながる活動を取り入れる。単元の学習をテストで終わりにするのではなく，実際の問題解決で終わらせるのである。お薦めの本を実際に友達に伝えて読んでもらえた，などのように実際に解決することが重要だと考える。

また活用と習得を単元内でどう繰り返すかによって学習は変わってくる。探究につながる活動から単元を始め，習得→活用と進む形式と，活用→習得とを続ける形式がある。図示すると以下のようになる。

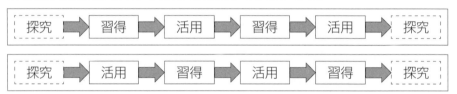

まず習得→活用と続く形式では，探究を行うためには必要な知るべきこと，身に付けることをはっきりさせ，その後それを実際に活用し，うまくいったかどうかを検証する。そしてまた必要なことを習得していくという流れになる。このような流れでは習得する必然性が生まれて効果的になる。また探究につながる活動の後に活用→習得と続く形式では，とりあえずやってみるという形になる。やってみて習得すべきことが見つかり，習得し，活用して必要なことがあればまた習得するという流れになる。こちらは習得すべきことが活用から見えてくるのでより具体的な学習になる。

このように単元の最初と最後に探究につながる活動を入れ，間に習得・活用を繰り返し行うことが子どもの主体的な学習につながると考えている。

3 実生活と探究とのつながり

ただここで考えなくてはならないことは探究につながる活動をどのように始め，どう次に続けていくのかということである。探究につながる活動を取

り入れてもそれが教師主導であったり，子どもの実態にあっていなかったりすれば本当の探究にはならない。また単元の最後に実際に問題解決をしても，それで終わりで後に続くようになっていなかったり，そこで学んだことがその単元中でしか通用せず他の授業や他の教科の学習，実生活で生きなかったりした場合，効果的な学習とは言えないと考える。それではどうしたらよいのだろうか。ここでは実生活から単元を起こし，実生活に戻していくことを提案する。図示すると以下のようになる。

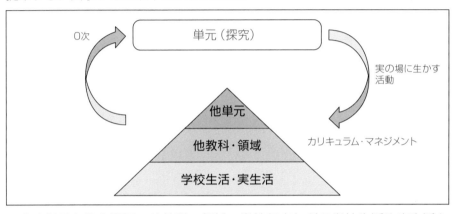

　まず単元を他の単元，他教科・領域，学校行事などの学校生活や実生活と結びつけて単元を始める必要がある。またそれを子どもから主体的に「やりたい」というように仕組んでいく必要がある。そのための方法として０次がある。０次とは単元を始める前に子どもの意欲を醸成する段階のことである。例えば，絵本を教室に並べて，子どもがお薦めしたい，と思うように仕向けていくことで探究につなげていくことができる。それから単元で学んだことを他教科・領域や学校生活につなげていくことも有効である。例えば実際に本のお薦めを他のクラスの友達にしたり，日常の読書という実生活につなげたりすることで次につながる学習にすることができよう。

　当然他教科・領域，学校行事などの学校生活と組み合わせて考えるカリキュラム・マネジメントも子どもが主体的に単元に取り組むのに有効である。

〈細川太輔〉

Chapter2
準備編
「習得・活用・探究」を取り入れた国語授業の学習過程アイデア

1 学習過程の組み方のポイント

　この章では具体的に，学習過程を工夫する視点として4つ挙げていく。ここで言う学習過程では，単元全体の学習過程，各1時間あたりの学習過程の両方があるが，どちらにせよ位置づける場所によって言えることは同じなので，ここでは敢えて分けずに両方の意味を含めて説明する。

1 学習過程の順序

　まずは先にも述べた習得，活用の順序についてである。学習過程の順序によって子どもの思考や，学習されるものが変わってくる。先に上げた知識・技能，思考力・判断力・表現力等，学びに向かう力・人間性等の資質・能力の3要素のどれを重視して学ばせたいのかを基準に選んでいくことになる。習得→活用型であれば習得をまず行い，それが身に付いたかどうか活用して確かめるということになる場合が多く，どちらかと言えば知識の習得を確実にさせたい場合に有効であろう。逆に活用→習得型は，とりあえずやってみて問題があれば必要な知識・技能を習得する場合が多く，どちらかと言えば思考力・判断力・表現力等，学びに向かう力・人間性等を重点的に育成したい場合に用いるのに向いていると考えられる。

2 交流の位置づけ

　次に交流をどこに位置づけるのかである。学習の最初に位置づける場合，途中に位置づける場合，最後に位置づける場合，子どもに自由なタイミングで交流させる場合がある。交流を最初に位置づける場合は，集団で問題を発見することを目的とする交流，途中で位置づける場合は実際に今起きている問題を特定したり，解決策を考えたりする交流，最後に位置づける場合はそれぞれの作品を鑑賞したり，評価し合ったりすることが目的の交流となる。また子どもに自由なタイミングで交流をさせる場合は，自分にとって必要な

段階で交流を行うことになり,学習者が自らの学習をコントロールすることを目指すことになる。

3 探究につながる活動の導入

以前も論じたが,資質・能力の3要素をバランスよく育成するためには,単元全体でも本時でも探究的な活動にする必要がある。そのため単元が始まる前に0次を入れたり,授業の最後に学んだことを実の場に生かす活動を入れたりして,子どもの主体的な活動になるように,また単元が実生活と結びつくようにすることが重要であると考える。また0次や実の場に生かす活動を特別にとるだけでなく,前の単元を0次,後の単元を実の場に生かす活動にしたり,年間指導計画を工夫して他教科・領域の授業や学校行事を0次,実の場に生かす活動にしたりしていくことも有効である。

4 ふり返り

ふり返りは子どもが自分の学習を分析し,次の学習につなげていくためにとても重要である。またこの授業で何を学んだのかという学習内容についてのふり返りと,どう学んだのかという学習方法についてのふり返りの両方が重要であると考える。このふり返りをいつ行うのかによっても学習は変わってくる。授業の最後に行うふり返りはよく見られるが,このふり返りは自分がしたことを客観的に見てふり返ることで,次の学習につなげたり,ふり返る能力自体を高めたりすることができる。授業最初にふり返る場合は今まで学習してきたこと全てを思い出し,自分たちは何ができていて,何ができていないか問題を発見する場合に有効であるし,途中でふり返る場合は夢中になって活動している際に一度冷静になり,このまま進んでよいのかを分析していくのに有効であろう。

5　柔軟な学習過程

　学習過程をどのように位置づけるにせよ，教師がある程度道筋を立てることは重要であるが，それだけでなく子どもに自分で考えさせることも効果的である。ここで言う柔軟な学習過程とは3つの意味がある。

　1つ目は子どもが自由に学習過程を往復するということである。書くことの授業で子どもが文章を書いている際に，もっと知りたいことが見つかり，取材に行きたいのだが，教師が許可を出さないという話をしばしば聞く。そうではなくてせっかく子どもが問題を発見したのであるから，それをほめて取材に戻らせてまた記述に戻すというように学習過程を自由に往復させてはどうだろうか。そのことにより子どもの学びに向かう力・人間性等や学習をふり返る力を育成することにつながる。

　2つ目は時間配分の柔軟化である。どうしても教師は授業を効率的に進めるために学習の進度をそろえたがる。しかし子どもによって興味関心，学力などが異なり，それぞれによって時間をかけたいところが異なるはずである。子どもが時間をかけたいところに時間をかけさせることで子どもが主体的になったり，自分の学習をふり返る力を付けたりすることができる。また時間配分を柔軟にすることで，待ち時間がなくなり，効果的な学習になるという利点もある。ただ学校での学習には時間の制約があるので，単元の最後には全員が終わるように，子どもに時間配分を考えさせることは当然必要である。

　3つ目は個に応じた学習過程を工夫するということである。子どもの実態には様々なものがあり，手立てがあまり必要でない子どももいれば，多くの手立てが必要な子どももいる。手立てが必要でない子どもに多くの手立てを与えれば自分で考える力を育てる機会を奪ってしまうし，逆に手立てが必要な子どもに手立てが少なければ効果的な授業ではなくなってしまう。そのような点から，一人一人をていねいに観察し，個に応じた学習過程を工夫していく必要があるだろう。

2

学習過程の組み方の特徴と指導の工夫

1 習得→活用型学習過程

①習得→活用型学習過程の特徴

長所 習得から活用に進む学習過程とは，まずこれから必要とされる知識・技能を明らかにし，それを習得してから活用に向かう学習過程である。教師が示す場合もあれば子どもたちで相談して決める場合もある。このような学習過程の長所としては，短時間で習得を効果的に行い，活用につなげることができるので，とても効率的な学習となる。

短所 教師が示すにしろ，子どもが見つけるにせよ，最初の習得の必然性を設定するのが困難である。教師が今は分からないかもしれないが必要だからと習得する知識を示すので，子どもの主体的な学習にはなりにくい。子どもが習得すべきことを見つけるにしても，初めての活動の場合，似たような活動から推測するにせよ，本当に必要な知識・技能を考えるのは相当困難である。ただ漢字など教えなくてはならないものがあるのは事実であるし，全く初めての場合子どもは何から手をつけていいか分からなくなることもある。また低学年や新学年当初などは習得を重視し，それを使って考えられるようにするという見通しをもって計画を立てていくという方法もある。

②習得→活用型学習過程の留意点

最初の習得を主体的に行うのは困難である。そのために大切なのは習得をできるだけ短時間で終わらせるということである。できるだけ短時間で習得を終え，次の活用からの時間を増やしていくことで，子どもたちはそこで学んだ知識・技能を活用し，活動することができる。教えなくてはならないことはできるだけ早く教えてそこから考えさせることで，言語活動の質が上がるだけでなく，資質・能力の3要素を育てることができると考えている。

2 活用→習得型学習過程

①活用→習得型学習過程の特徴

長所 活用から習得へと進む学習過程はとりあえずやってみて,そこから問題点を見つけ,必要な知識・技能を習得していくという学習過程になる。最初の活用場面である活動をどこからもってくるかによるが,何かに取り組む際に習得すべき知識・技能を最初に考えるよりは,まず取り組んでみるというのが人間の自然な思考であろう。本当に必要な知識・技能は活動しながら,自然と身に付くと考える。そのため子どもの自然な思考の流れにのるので,主体的な学習になりやすく,思考力・判断力・表現力等,学びに向かう力・人間性等などを育成しやすい。

短所 ただその反面何を習得させるのかが曖昧になりやすい。活動はしているが,教師がねらった知識・技能を習得していない場合もある。また子どもの実態に応じて必要な知識・技能が当然異なり,それによって学ぶべきことが変わってくる。多くの子どもが共有する課題になるようにしないと子ども同士の学び合いが生まれず,効果的な学習にはならなくなってしまう。

②活用→習得型学習過程の留意点

それではどのように授業を設計すれば多くの子どもが共有できる知識・技能を習得する授業にすることができるだろうか。筆者は全員が同じことを学習するのは困難だと考えている。そこで徹底したいことを取り上げて全員で共有し,授業にするようにしている。例えばおもちゃの説明書を書く授業であれば,順序よく書くことの必要性を子どもから出させた後,「はじめに」「つぎに」を使って書くことは徹底して指導する。ただそれを超えた「写真を使って書く」など子どもが必要だと感じた知識・技能は個人で習得させるようにする。つまり,最低限習得すべきことは徹底し,それを超える部分は子どもに任せる方法である。こうやって共有する知識・技能と,子どもが自分で必要だと感じた知識・技能の両方を学習することができると考える。

3 探究につながる導入の工夫

①探究につながる導入の特徴

　習得から始めるにせよ，活用から始めるにせよ，教師主導で始めては子どもの主体的な学習になりにくい。探究的な活動につながるように子どもが主体的に単元にかかわるようにしたい。ではどのように単元を始めればよいのだろうか。

　その１つの方法に先にも挙げた０次がある。０次は，単元を始める前に子どもの意欲を醸成する段階のことである。教師が「さあ，始めましょう」と言って始めるのではなく，子どもの「やりたい」から授業を始めるのである。ではどのようにそう言わせればよいのだろうか。それには長期の０次と短期の０次がある。長期の０次は，例えば４月から生き物を飼ってきて，子どもに愛着をもたせることで，３学期に生き物を１年生に触れ合わせるガイドブックを書きたい，と思わせることである。自分の愛着をもった生き物であれば，子どもたちは意欲をもって単元の学習に取り組むであろう。

　それに対し短期の０次はレオ＝レオニの絵本を教室に置いておき，子どもが自由に読めるようにしておく。それを子どもが読み始めておもしろいと言わせてからすぐに単元を始めるというものである。

　短期にせよ，長期にせよ，単元のスタートを子どもが主体的に切って探究的な活動になるように，学習で取り組みたいことを子どもに「やりたい」「取り組んでみたい」と言わせるようにする。そのことにより，子どもは主体的に単元に取り組み，どのように言葉を使えばよいか考え始めるであろう。

②探究につながる導入の工夫の留意点

　先にも論じたように子どもの「やりたい」を引き出すことが重要である。そのためには教科書に載っている単元だけでなく，子どもの実態に合わせた題材，子どもの生活にあった題材で学習をすることが重要である。学習の主役は教科書ではなく，子どもであることを常に念頭におきたい。

4　探究的な活動を導く終末の工夫

①探究的な活動を導く終末の工夫の特徴

　いくら子どもが意欲をもって単元の学習に取り組んでも，単元自体に魅力的なゴールがなければ探究は深まらない。単元のゴールに探究につながる活動があるとよい。そのゴールは「実の場における活用」と呼ばれている。単元のゴールに子どもが問題解決してきたことを実際の生活の場面で用いて，それが本当に効果的であったかどうかを考える時間をとりたい。例えば学校紹介リーフレットを作成して，実際に新1年生の保護者に伝えたとする。そのことにより子どもは，自分の作ったリーフレットが役に立ったと実感したり，伝わったところ，伝わらなかったところをふり返ったりすることもできる。教室に飾って終わりにするのではなく実際に伝える相手がいるというのが重要で，そのことによって子どもが相手に合わせて伝える内容や伝え方を考えたり，意欲を高めたりすることができるのである。このことによって思考力・表現力・判断力等，学びに向かう力・人間性等をもあわせて育成することにつながると考える。

②探究的な活動を導く終末の工夫の留意点

　探究的な活動を導く終末では実際の場面で使うことが重要である。特にクラス内で伝え合ったり，使ったりするのではなく，できれば他の学級，学年，保護者や地域など実際に伝えたり，使ったりする対象を広げたい。そのことで，子どもは相手意識をもつことができるし，意欲を高めることができる。実際に使っている場面を見たり，伝えたりすることで相手の反応を見ることができるが，クラスの友達だけでなく，他の学級や学年，保護者や地域の方などに伝えた場合，自分たちが想定した反応とは異なる場合が多い。そこからどうすべきだったか，と考えることができ，次の探究につなげることができる。当然役に立てた，と実感することで，次への探究の意欲を高めることができ，次の探究につなげることもできる。

3
交流の位置づけ

1 最初に交流を位置づける場合

①最初に交流を位置づける場合の特徴

長所　単元の最初，授業の最初に交流を行う目的は，今起きている問題を生活の中から見つけたり，子どもが何をこれから学習するのか自分たちで考えたりする場合に行うことが多い。特に教師主導でこれから何をするのか伝えるのではなく，子どもたち自身が交流して問題を見つけることで問題解決的で，主体的な学習になる。特に無理やり授業の最後にまとめて，次時への展望を短時間で行うよりは，次時の最初にもっていく方が効果的だと考える。なぜなら教師が子どものノートや作品などを見て考えることができるし，子どもも落ち着いて次何をすべきか考えられ，スムーズに本時の活動に移ることができるからである。前時の子どもの作品やノートを示して交流し，どのようにすればよいのか考えることは，本時の活動を効果的にする。

短所　最初に交流をするということは逆に言えばまとめをしないということである。前時のことを思い出してまとめをするのは忘れている子どももいて難しい場合もある。また最初の交流は，問題に対する理解が深まっていないので問題解決に使うと，浅い問題解決になってしまい，問題解決には向いていないと考えられる。

②最初に交流を位置づける場合の留意点

　最初に交流する場合は，子どもが問題を発見できるように情報を整理して子どもに示すことが重要である。例えば前時の子どもの作品を示すのであれば，子どものヒントになりそうなよい例を示してよいところを見つけさせることが考えられる。その際には教師は子どもに示すものをしっかりと吟味し，ここから子どもに何を見つけさせるのかを慎重に考える必要がある。

2 途中に交流を位置づける場合

①途中に交流を位置づける場合の特徴

長所　途中に交流を行う場合の最大の長所は今子どもが抱えている問題を明らかにし，それを解決するためにどのようなことをすればよいのか，問題意識が具体的なうちに考えることができるということである。

　また自分が作った作品を一度友達に見てもらい，修正するためにアドバイスをもらうという活動も考えられる。自分が作った作品の下書きを相手に読んでもらい，自分が悩んでいることを相談したり，友達に自分が気付かない問題点を指摘してもらったりすることで作品を修正し，よりよくすることができる。また友達に認めてもらい，自信をもつということもあるだろう。

　このように途中に交流を置くと，今進行中の言語活動で起きている問題を明らかにし，それを解決できるので，思考力・表現力・判断力等，学びに向かう力・人間性等をも育成できる。

短所　この活動の短所としては子どもの思考が途切れてしまうところである。ゴールに向かって進んでいるところで，途中で交流が入ると気持ちが途切れてしまったり，友達に意見をもらって迷ってしまったりすることが考えられる。またクラスで問題を取り上げると入っても全員が同じ問題意識をもつことは難しく，友達の問題を解決するために考えることになった子どもは自分の活動とは直接関係のないことに時間やエネルギーを用いなければならず，意欲が減退してしまう可能性もある。

②途中で交流を位置づける場合の留意点

　途中で交流を置く場合は先にも挙げたように多くの子どもは同じ問題をもつように言語活動を仕組んでおくことである。全員が同じ悩みで困り，それを解決していくという流れになるよう，綿密な計画が必要であろう。また子どもによって問題解決の仕方が違う可能性もあるので，子どもの意志を尊重して自分の見つけた方法で解決させたい。

3 最後に交流を位置づける場合

①最後に交流を位置づける場合の特徴

長所 最後に交流を置く場合の最大の長所は完成した作品をもとに,交流を行うことができることである。自分が言語活動を通して今まで作ってきた,考えてきた作品を,実際に読んでもらったり,聞いてもらったりすることで,自分の作品がどのように相手に受け止められるのかを見ることができる。それによって相手が喜んでくれたり,自分の言いたいことを理解してくれたりした時に,子どもは学習してきてよかった,という達成感をもつことができると考えている。このことによって国語科の学習を好きになったり,また次もがんばりたいという学びに向かう力・人間性等を育成することにつながったりすると考える。

また友達のよいところを見つけることができるというのも大きい。自分が見つけるだけでなく,友達の完成作品が相手にどう受け止められるのかを見ることもできる。そこから自分が今度参考にしたいポイントを考える子どもも多くいることが予想されるので,前向きな姿勢のまま次への学習につなげることができる。

短所 最後に交流をするので,そこで助言をもらっても,もう作品を修正することができないということである。確かに次の活動に生かすという考え方もあるが,子どもとしては一生懸命言語活動をしたのに,足りないところを指摘されると達成感がなくなってしまう。

②最後に交流を位置づける場合の留意点

アドバイスをもらったり,修正点を伝えたりするという交流が高学年の書くことの指導事項で位置づけられているが,それは途中での交流で行うことにして,最後の交流は助言し合って次回に生かすというよりは,いいところを褒めて次回へのエネルギーにした方がよいのではないかと考えている。改善点を考えるのであれば,達成感をもとに考えさせるようにしたい。

4　自由に交流を行う場合

①自由に交流を行う場合の特徴

長所　自由なタイミングでの交流の最大の長所は子どもが交流したいタイミングで交流したいことを交流できるところである。子どもが困った時，その場ですぐに友達と相談できるので，無駄な時間がなくなり，効率的な学習になる。また交流したい内容も子ども自身が決めることになるので，自分にとって交流したいことについて交流することができ，主体的な学習になる。教師主導で交流する内容やタイミングを決めるのではなく，子どもが決めるので子どもの思考に沿った効果的な交流になる。

短所　この交流の短所は子どもが交流したいことを子どもが選ぶことになるので，単元の学習の適切なポイントで交流しているかどうかが教師から見えにくいという点である。相手意識について学んでほしいのに，字の間違いばかりを気にして交流してしまっては効果的な学習にはならない。また交流ばかりを続けて言語活動に取り組まなければ学習は進まない。子どもが自由に決められるということは，逆に言えば学習が全く進まないというリスクを抱えているということを教師は理解した上で，子どもに自由な交流をさせるべきであろう。

②自由に交流を行う場合の留意点

　それではどのように自由なタイミングでの交流を効果的にすればよいのだろうか。それには2つの手立てがあると考える。1つは目的意識をしっかりともたせることである。例えば学校紹介リーフレットを作るのであれば読み手が知りたい内容を書くという目的をしっかりともたせることで，子どもは相手が知りたい内容かどうかを常に意識して書くことになる。そうすれば自然と子どもは相手意識に基づいた交流をするであろう。2つ目は時間を意識させることである。決まった時間内に仕上げることを意識させ，時間を有効に使って作品を完成させるように計画的に取り組ませたい。

4
ふり返りの位置づけ

1 最初のふり返り

①最初のふり返りの特徴

　長所　最初のふり返りでは，今までの生活や前の単元，前の時間などをふり返ることになる。今まで自分の言語生活をふり返り，よかったところ，改善すべきところを考える。それが学習のきっかけとなり，学習を始めることができる。最初のふり返りの最大の長所はふり返った後すぐに活動に移れることである。ふり返りで見えてきたよかったところはそのまま生かし，改善すべきところはそれを直すことになるが，そこで生まれた強い問題意識をもったまま活動に移ることができるので，効果的な活動になると考えられる。

　短所　最初のふり返りでは，ふり返る対象が漠然としていたり，忘れてしまったりするので，ふり返り自体が困難なことがあげられる。そのため教師が考えてほしいこととは違った観点からふり返ってしまったり，何も考えがうかばなかったりする場合もある。

②最初のふり返りの留意点

　最初のふり返りでは，いきなりふり返りましょう，と言っても子どもはなかなか思い出せない場合があるので，前のノートを見返したり，前に作った作品を見せたり，子どもが思い出しやすくするような工夫が必要であろう。具体物があれば子どもは当時の思考を思い出したり，当時と今の考え方の違いに気付き，新たな課題に気付いたりすることができるようになると考える。

　また，何のためにふり返るのか，目的をはっきりとさせたい。いきなりふり返りをしましょう，というのではなく，この後意見文を書くので前に書いた新聞をふり返ってみましょうというように目的をはっきりさせることで，ふり返りと活動が効果的につながると考える。

2 途中でのふり返り

①途中でのふり返りの特徴

長所 途中でのふり返りの長所は，今後改善することができる状態でふり返りができるというところである。ここがよかったのでこのまま続けてよい，であるとか，逆にここがよくなかったので改善すべきであるとか，ふり返る時間をとることで，メタ認知的能力や問題解決的な能力，向上心などの学びに向かう力・人間性等をも育てることにつながると考える。

短所 途中でのふり返りの短所は，結果がはっきりしない状態でふり返らなければならないというところである。そのためそのまま進めばいいのに変えてしまったり，変えた方がよいのにそのまま進んでしまったりすることが考えられる。

またそれとも関連するが，修正すべき点があまりに多すぎるとを自信をなくしてしまって意欲が減退してしまう子どもがでてくる危険性がある。十分できているのに自分に厳しくしすぎて，改善点を探し，それによって自分ができないと思ってしまい，自信をなくしてしまうおそれがある。

②途中でのふり返りの留意点

途中でのふり返りを効果的にするには，相互評価を取り入れることである。先にも論じたが，自己評価のみだとふり返った内容と実態がずれてしまったり，自信をなくしてしまったりすることがある。しかし相互評価を取り入れることで，友達が自分のことをどう評価しているかを知り，それによって自己評価を相対化することができる。そのことにより，自分に厳しすぎる子どもは直すことができるし，逆に直すべきなのにそのままでいいと考えている子どもは直すべきだと気付くことができると考える。当然子どもたち同士の評価だけではなく，教師も評価を行い，子どもの自己評価が適切になるよう，支援していくことも必要である。途中での交流と重なる点も多いが，多様な視点と触れさせていくことが重要である。

3 最後のふり返り

①最後のふり返りの特徴

長所 最後のふり返りの長所は全て結果が見えた後にふり返ることができるという点である。最後の結果を根拠にして，途中の活動の何がよかったのか，逆に何がよくなかったのかを事実をもとにふり返ることができる。

それから最後ということもあり，落ち着いてふり返る時間をとれることが多いという点も挙げられる。結果が出ているのであわてる必要もなく，落ち着いてふり返ることで，今後にどうつなげていくか考えることができる。

短所 最後のふり返りの短所は，もう結果が出ているので改善することができないという点である。直すところに気付いてももう直すことができず，直す機会は次の単元以降になるか，日常生活になる。すぐに生かす機会があればよいが，そうでない場合も多くあることが予想される。したがって改善点を考えるふり返りにはあまり向いてないと言えそうである。

②最後のふり返りの留意点

先にも論じたように最後のふり返りは結果が見えた後のふり返りなので結果をもとにふり返ることができる。そのためノートやワークシートなどの学習記録を読み返し，今まで学習してきた記録をもとに，より効果的なふり返りになるようにしたい。

また最後に改善点を探すと，もう改善することができず，自信をなくしてしまう子どももいるので，よいところを見つけて達成感をもって単元を終えるようにしたい。特にこういうところを工夫したので，相手に自分の意見が伝わったというような成功体験を積み重ねていくことで，子どもは国語科の学習に自信をもったり，好きになったりすることが考えられる。自分に厳しい姿勢をもち続けて改善点を出すという考え方もあるが，小学生のうちは学習してよかったという達成感の方を大切にしたいと考える。

5
柔軟な学習過程

1 往復する学習過程

①往復する学習過程の特徴

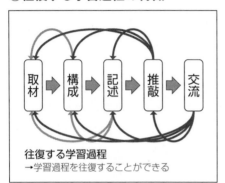

往復する学習過程
→学習過程を往復することができる

往復する学習過程は子どもが主体的に学習過程を行ったり来たり往復できることである。例えば書くことであれば普通は取材→構成→記述→推敲→交流と進んでいく。しかし，実際は構成を考えている際に取材に戻ったり，記述中に構成に戻ったりすることもあるだろう。しかし多くの授業では，進度をそろえることが重視され，構成に進んだら再取材は許されないことが多い。子どもを信じ，戻りたい時はいつでも戻ってよいとすると，子どもの思考に沿ったスムーズな学習になるし，自分で計画をたてる主体的な学習になる。

②往復する学習の留意点

往復する学習過程を重視して指導する際に，子どもに目的意識をしっかりもたせることが重要である。子どもが自分で考えて主体的に活動するので，子どもによって学習していることが変わってくる。一人一人子どもが学習していることが異なるので，教師は子ども全員を見ることは困難になる。例えばクラスのほとんどの子どもが構成を考えている間に，取材に戻りたいという子どもがいたとする。子どもに再取材をさせている時に，その子どもが何を取材しているかは見ることは難しい。そのためきちんと子どもが取材をするよう，目的意識を高めて，子どもが自分で自分の学習をコントロールできるようにしていく必要がある。

2 時間配分の柔軟化

①時間配分の柔軟化の特徴

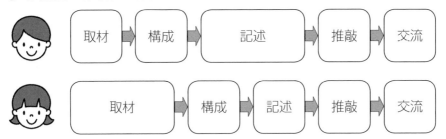

　上の図は書くことを想定したイメージ図である。じっくり取り組みたい学習過程は子どもによって異なるはずである。しかし教師はどうしても進度をそろえたいために，全員を同じ時間配分で指導しがちである。それでは子どもにとって効率のよい学習にならない。本時の目標はあるにせよ，そこまで時間が足りずに終わらなかった子どもに無理やり焦らせて終わらせるのではなく，次の時間に取り組んでよいことを伝える。そのことによって子どもは他の子どもと違う時間配分で取り組むことになり，じっくり時間をかけたいことに時間をかけて取り組むことができる。その子どもは後で他の学習過程で時間を短縮させて追いついていくことになる。無理に本時の最後に全員が同じ進度にいる必要はなく，子どもの思考にそって柔軟に認めていくのがよいのではないかと考えている。

②時間配分の柔軟化についての留意点

　時間配分を柔軟化すると心配なのが，最初に多くの時間を割いてしまって終わらなかったり，ていねいに活動しすぎて時間が伸びてしまったりすることである。実際に子どもたちに完全に自由にするとそういうことがしばしば起こる。そのため子どもに単元の最後は必ず全員終わることをしっかりと意識させる必要がある。先に時間を使いすぎている子どもには本当に終わるのか，という声かけをし，時間の使い方に意識的になるようにさせたい。

3　個に応じた学習過程

①個に応じた学習過程の特徴

　個に応じた学習過程とは個人が自分にあった学習過程を取ることである。子どもは個によって得意な方法があるし，必要な支援の量や種類も異なる。例えば書くことの授業で，自分ですらすら書ける子どもと，話し言葉にしてからでないと書けない子どもがいる。前者であればすぐに書かせてもよいが，後者であれば一度話をするという学習過程を入れる必要があるだろう。

　また本を紹介するという言語活動で，お気に入りで紹介したい本がある子どももいれば，まだお気に入りの本がない子どももいる。前者であればすぐに読むことができるが，後者であれば選書から行っていく必要がある。

　大切なのは全員に同じ活動をさせることではなく，授業の最後に指導事項を全員が身に付けていることである。実際には学習することは異なるのだが，最低限の目当て，同じ指導事項が全員に身に付くように，子どもの実態を丁寧に見て実態に合わせて一人一人にあった学習過程を組む必要があると考えている。

②個に応じた学習過程の留意点

　個に応じた学習過程の指導上の留意点は大きく分けて2つある。1つは子どもの学習履歴や実態に合わせた授業をするということである。子どもがどこまで学習していて，どこをまだ学習していないのか，一人一人を丁寧に見て学習過程を考える必要がある。本当はクラスの子ども全員分の学習過程が必要であるが，それを全ての授業で行うのが非現実的なので，A，B，Cの3種類程度は用意しておくとよいと考える。

　2つ目は子どもの学びやすさに着目するということである。視覚からの情報が得意な子どももいれば，言語情報の方が得意な子どももいる。それぞれが得意な学習過程を選べるようにしておくことで，子どもは自分のやりやすい方法で効果的に学習することができると考えている。

6

まとめ　国語科の学習における学習過程の工夫とは

　以上，習得・活用・探究という視点，交流という視点，ふり返りという視点，柔軟な学習過程という４つの視点から学習過程をとらえてきた。それぞれの学習過程の組み方には特徴があり，長所・短所があり，それを理解した上で効果的に配置していく必要がある。その配置の仕方についてそれぞれ論じる。

１　習得・活用・探究の視点から

①６年間の教育計画

　私は毎年アメリカのカリフォルニア州に学校視察に行っているが，小学校と高校のイメージが日本とアメリカのカリフォルニア州では全く逆である。日本では小学生が主体的に活動的に学習していて，教科内容が難しくなってくる高校になると講義形式が増えてくる。しかしアメリカでは基礎をしっかりと小学生のうちに押さえて，高校では自由に活動させる授業が多い。どちらが正解で，どちらかが間違っているとは考えないが，それぞれ特徴があることはお分かりいただけるであろう。

　習得重視の学習過程と，活用重視の学習過程の両方共バランスよく行っていく必要がある。どのように子どもを育てていくのかは学校の教育目標や子どもの実態に合わせて考える必要があるが，６年間を見通してどのように育てていくのかという教育目標に合わせて学習計画のバランスを考えていく必要があるだろう。

②年間指導計画

　年間指導計画も考えていく必要がある。先に６年間の教育計画の重要性を論じたが，年間の場合も同様である。ただ年間の場合はやはり３月には今まで学習してきたことを活用し，そこから新たな習得を行えるような授業にな

っていてほしいという願いがある。そのため4月から活用重視の学習過程で通して3月を向かえるのか，それとも4月は習得重視の学習過程を多くし，だんだん減らしていくのか，それは子どもの実態や学年によると考える。どちらにせよ3月には子どもが主体的に学べる状態になっているように，有効な計画を組んでいきたい。

2　交流の視点から

　どの位置に交流を入れてもよいのだが全ての学習過程で交流を入れると時間が足りなくなってしまう。筆者が最も理想であると考えるのは子どもが交流する必要があると考えた時に必要な分だけ交流をするという形である。交流は，どのタイミングでするかによって意味が変わってくるが，それを最初は教師が考えて行っていくが，交流を積み重ねていくことで，子どもが交流の意味を知った上で，自分で交流するようになる。途中経過での修正ポイントを知りたければ途中で交流するだろうし，うまくいっていると考えていたら最後の交流を選ぶであろう。資質・能力の3要素を育てるという観点からすればやはり最終的には子どもが交流するタイミングを自分で選べるようにしたい。

　そのためにはいつでも自由に交流できる学級経営が重要である。授業中にずっと静かにしているのがよい授業ではなく，周りに迷惑をかけない程度に必要な時に身の回りの友達や教師と交流しているのがよい授業であると考える。また友達の話を聞くとおもしろい，ためになる，という実感を子どもがもっていることも重要である。そのことによって困った時，不安な時，逆にうまくいった時，認めてほしい時に自然と交流が生まれ，効果的な授業になると考えている。

3　ふり返りの視点から

　ふり返りも様々な時に行うが，重要なのは常にふり返る姿勢をもつことだと考えている。筆者は手書きで文章を書く時と，コンピュータを用いて書く

時では思考が違うと考えている。コンピュータで書いている際には直すことを前提として書いているので，常に自分の文章をふり返り，推敲をしていることが多い。授業でのふり返りも同じで，常に自分の活動をメタ認知し，そこから問題を発見し，解決していく能力や，うまくいってよかったという達成感をもつことが重要だと考える。いろいろな場面でふり返りを入れることで，特別なふり返りの時間をとらなくても常にふり返って考える習慣を身に付けていくようにさせたい。

4 柔軟な学習過程について

　柔軟な学習過程の最終的なゴールは，子どもが自分にとって最適な学習方略を取り，主体的に学習することができるようにすることである。そのことにより，知識・技能だけでなく，思考力・判断力・表現力等，学びに向かう力・人間性等の資質・能力の3要素が身に付く効果的な学習になると考える。
　筆者がフィンランドで見た小学校の授業で，子どもがエッセイを書いている授業があった。そこで驚いたのは子どもが，自分の書きたい方略で書いている姿である。コンピュータで書く子どももいれば，手書きで書く子どももいる。1人で書いている子どももいれば，友達と相談しながら書いている子ども，先生の目の前でアドバイスをもらいながら書いている子どももいる。音楽を聞いて書いている子もいれば，廊下で寝そべって書いている子どももいる。それぞれ自分が一番書きやすい方略を選び，リラックスしながら書いているのである。日本の学校のように全員が同じことを同じ方法でしているという場面はほとんど見られなかった。
　これは文化の違いが原因というわけでもないだろう。大人が会社で仕事をする際にも自分がもっとも得意とする方略で行うわけで，そうした方が効果的であると分かっているからそうするのである。ただ子どもなので1つ1つていねいに教えて徹底する時も当然ある。そのような場面は仕方がないにしても，子どもが主体的に学習でき，効果的な学習になるよう，教師は柔軟な学習過程をできるだけ取り入れ，大切にしていくべきである。　〈細川太輔〉

Chapter3 実践編
深い学びを実現する学習過程を工夫した学年別・国語授業プラン

第1学年

子どもの学習意欲を大切にした話すこと・聞くことの学習過程

単元名：なつやすみのおもいではっぴょうかいをひらこう

> 時期：2学期　領域：話すこと・聞くこと　時間数：全5時間
> 関連教材：「なつやすみのことをはなそう」（光村図書1年上）

―1　深い学びを生み出す習得・活用・探究の学習過程のポイント―

①「話したい」と子どもが思うような教師モデルを提示する。（探究）
②付箋を使い，事柄の順序を考えながら話す練習をする。（習得）
③他の話題でも，同じ流れで話す機会を設ける。（活用）

　1年生の子どもたちは，自分が体験したことや自分初めて出会ったものについて，誰かに聞いてもらいたい気持ちでいっぱいである。しかし，いざ話そうとすると，自分自身で話す内容を構成できず，様々な事柄を混ぜて話してしまうという実態がある。そこで本単元では，子どもたちの「もっと話してみたい」「話してよかったな」といった話すことへの関心・意欲を高めていけるような探究につながる活動→習得→活用といった学習過程をとることで，子どもの学習意欲を大切にしつつ，身に付けさせたい力を育てることができると考えた。

―――　2　単元のねらいと概要　―――

　本単元では，「夏休みの思い出をクラスの友達に話す」という課題に向けて，学習していく。夏休みの思い出について，分かりやすく話すにはどうしたらよいかを単元の始めに考えさせ，話す事柄の順序に注目させる。そして，教師のモデルから話題に対する取材の仕方，話す事柄の順序の立て方を習得し，自分自身の体験でそれらを活用していく。その後，友達とペアになり，自分自身の夏休みの思い出について「夏休みの思い出発表会」で友達に話す。

さらに，本単元で習得した力を活用していくために，朝の学活や帰りの学活等の時間を用いて，他の話題で話す機会を設け，話すことへの関心意欲のさらなる高まりを目指す。

|付けたい力|
○経験したことから話題を決め，必要な事柄を思い出す力
○相手に応じて，事柄を順序立て，丁寧な言葉で話す力
○声の大きさや速さに注意して，はっきりとした発音で話す力

―――――― 3　主な評価規準 ――――――

○夏休みの思い出について話したいことを決め，それについて必要な事柄を
　思い出している。　　　　　　　　　　　　　　（話すこと・聞くこと　ア）
○友達に伝わるように，事柄を順序立て，丁寧な言葉で話している。
　　　　　　　　　　　　　　　　　　　　　　　（話すこと・聞くこと　イ）
○友達に伝わるように，声の大きさや速さに注意して，はっきりした発音で
　話している。　　　　　　　　　　　　　　　　（話すこと・聞くこと　イ）

―――――― 4　単元のイメージ ――――――

第一次（一時間）探究

学習過程
単元の学習
目的の理解
↓

|第1時|　課題をつかみ，学習の見通しをもつ。
○夏休みの思い出について，簡単に発表する。
○教師のモデルから，単元のめあてを確認する。　　…①
・最初の例は分かりづらいな。
・後の例は先生の夏休みの思い出がよく分かったな。
・私はどんなことを話そうかな。

> 　　　　なつやすみのおもいではっぴょうかい
> めあて
> はなすじゅんばんをかんがえて，なつやすみのおもいで
> をともだちにはなそう。

○学習計画を立て，学習の見通しをもつ。

Chapter3　実践編　深い学びを実現する学習過程を工夫した学年別・国語授業プラン　　39

第二次（二時間）習得	話題に対する取材 ↓	第2時 自分自身が体験したことを思い出し，話題を決める。

いちばんはなしたいことをきめよう。

○教師のモデルを見て，本時の見通しをもつ。
○自分自身が夏休みに体験したことを思い出し，付箋に書き出す。　　　　　　　　　　　　　　　　　　　　…②
○書き出した中で，一番話したいことに印をつける。
○一番話したいことについて，さらに詳しく思い出し，付箋に書き出す。

	事柄の順序を考えながら話す ↓	第3時 話す事柄を順序立てて，話す練習をする。

はなすじゅんばんをかんがえて，れんしゅうしよう。

○教師のモデルを見て，本時の見通しをもつ。
○話す順番を考えて，付箋を並び替える。　　　　　　…②
○付箋を見ながら，話す練習をする。

第三次（二時間）活用	練習したことを活用し，友達と話す ↓	第4時 なつやすみのおもいではっぴょうかいを開く。

れんしゅうしたことをいかして，おもいではっぴょうかいをしよう。

○教師のモデルを見て，聞き手のポイントを全体で確認する。
○ペアで，夏休みの思い出を発表し合う。　　　　　　…③
○ペアを変えて，夏休みの思い出について発表し合う。

	学習したことのふり返り	第5時 単元のふり返りをする。

がくしゅうのふりかえりをしよう。

○単元の学習を通した感想を書き，学習をふり返る。…④

5　単元全体の学習過程のポイント

①探究につながる活動

教師のモデルから話し方を考え，「わたしも話したい」へつなげる

　本単元は，教師の2つのモデルを提示するところから始める。1つ目のモ

デルは，事柄の順序が整っていないもの，2つ目のモデルは事柄の順序が整っているものである。これらを提示すると，子どもは，「1つ目の話し方だと分かりづらいな」「何を言いたいのか分からないな」ということに気付くことができる。その気付きが出たところで，「みんなに分かりやすく話して夏休みの思い出発表会をしよう」と本単元の課題を提示する。すると，「私は何を話そうかな」「どうやって順序を考えたらいいかな」と単元の見通しを考え始める子どもが現れた。

このように，教師のモデルを通して子どもに単元の課題を提案することで，主体的な学びにしたり，学習への目的意識を高めたりすることができる。

モデル1の例
（順序が整っていないもの）
わたしは、なつやすみにながのけんへりょこうにいきました。おんせんにはいりました。おいしいりょうりもたくさんたべました。とてもたのしいふつかかんでした。ホテルにとまりました。

モデル2の例
（順序が整っているもの）
わたしは、なつやすみにながのけんへりょこうにいきました。かぞくのみんなでいきました。ホテルにとまりました。おんせんにもはいりました。おいしいりょうりもたくさんたべました。とてもたのしいふつかかんでした。

② 習得

付箋を使い，「わたしもできる」へつなげる

話すこと・聞くことの学習において，音声だけで学習を進めていくことは難しい。しかし，1年生という実態を踏まえると話す内容についてたくさん書かせることも難しい。そこで本単元では，「夏休みの思い出」という話題に対し取材をする活動と，取材した事柄

の順序を考えながら話す活動を行う際に付箋を用いる。付箋は，大きさがあまり大きくないので，子どもが書ける分量も限られる。よって，取材したことを子どもが短文で書くことができると考えた。また，1枚の付箋に1つのことを書いていくことで，付箋がどんどん自分の手元に溜まっていく。そうすることで，子ども自身が「わたしにはこんなに話したいことがあったの

だ」ということに気付き，話すことへの関心・意欲を高めることができる。

　さらに，付箋は何度も貼ったり剥がしたりすることができる。このことが，事柄の順序を考える活動の際も非常に有効であると考えた。付箋に書いたことを見ながら話す練習をしていく際に，「この順番だと，分かりづらいかな」と感じた場合は，付箋を並び替えられるからである。こうすることで，１年生の子どもでもどのような順序で話したら友達に話したいことが伝わるかを検討することができると考えた。また，教師も子どもがどのような順序で話そうとしているかを確認することができ，個々への支援の手立てともなる。

③活用
習得したことを，どの子どもも活用できる「話す場」をつくる

　第二次で習得したことを活用する場として，単元の課題である「夏休み思い出発表会」を開く。その際に，どのような「話す場」を設定するかが大切になる。全体に対して１人が話すのか，グループを作りグループの人に向けて話すのか，話題に応じて適切な場にしなければ，習得したことを活用することができない。本単元は，１年生という実態と「夏休みの思い出」という話題から，ペアで話すという場を設定した。教室の机を全て向かい合わせ，ペアを作った子ども同士で席に着き，交互に話す。お互いが話し終えたらペアを替えて同じことを繰り返す。こういった場を設定することで，前時までの学習で習得してきたことを活用し，たくさんの友達に話したいという思いを大切にできると考えた。

④活用
さらなる活用につながるようなふり返りを行う

　本単元で習得した力を，さらに活用していくために，国語の学習以外でスピーチの場を設けることを，本単元の最後に子どもに伝える。その際には，ただスピーチ活動を行うことを伝えるのではない。単元の学習感想の中から，「話して楽しかった」「もっと話してみたい」などの，話すことへの関心・意欲に関係する感想があったことを全体に共有することで，スピーチへの子どもの主体性を高めることができると考えた。

6 本時の流れ（2時／全5時間）

時	学習活動	指導上の留意点
3分	○学習計画を見て，本時のめあてを確認する。 いちばんはなしたいことをきめよう。	
10分	○教師のモデルを見て，本時の見通しをもつ。　　…❶	子どもが本時の活動で行うものと同じものを提示する。
10分	○自分自身が夏休みに体験したことを思い出し，付箋に書き出す。　　…❷	子どもの書いた付箋を見て，個別に支援をしていく。
3分	○書き出した中で，一番話したいことに印を付ける。	
15分	○一番話したいことについて，さらに詳しく思い出し，付箋に書き出す。	途中で，友達の書いたモデルを提示し，よいところを探させる。　…❸
4分	○次時の学習活動について知り，本時のふり返りをする。	

7 本時の学習過程のポイント

❶ 探究につながる活動
教師のモデルを見て，本時の学習方法について考えさせる

　本時では，「夏休みの思い出」について，自分が話したいことを取材していく。そこで，前時に教師が子どもに話した「夏休みの思い出」を，本時の学習活動に沿ったモデルで提示する。そして，教師がどのように取材していったのかを子どもに考えさせる。実際には，子どもたちは①夏休みにしたことを思い出したこと，②その中から話題を1つに絞り，それについてさらに

詳しく思い出したことの２点を見つけることができた。モデルを用いることで，子ども自身が本時の学習方法について考えることができるのである。

❷ 活用→習得
子どもの意欲を大切にした個別の支援を行う

　教師のモデルから見て考えたことを活用して，子どもは自分自身の夏休みの思い出について思い出しながら付箋に書いていく。子どもの思考が視覚化されることで，「もっと書きたい」という子どもに対して，さらに付箋の数を増やすよう投げかけることができる。また，付箋の数が少ない子どもには，細やかな声かけをすることができる。本時の学習活動における主なつまずきの原因として，①夏休みの思い出について思い出せない，②思い出せるが付箋に書くことができない，この２点が考えられる。①については，「どんなことをしたかな」などと問いかける。②については，もう一度教師のモデルを見るように促す。こういった個別の支援が，子どもの意欲を高め，身に付けさせたい力のさらなる習得と活用につながる。

❸ 探究→習得・活用
子どものモデルも提示し，自分自身の活動に還元させる

　１年生の子どもは，自分自身の学習活動を客観的にとらえることが難しい。そこで，学習の途中で子どもが取り組んだものを，モデルとして全体に提示した。すると子どもは，「○○さんのは，やったことだけでなくて気持ちも書いてある」などと自分自身の学習活動を客観的にとらえられた。また，つまずきのある子どもも，「なるほど，○○さんのようにやっていけばいいのだ」と，気付くことができた。子どものモデルを出すことは，自分自身の学習活動を客観的にとらえるだけでなく，子どもの学習意欲をさらに高めることもできる。

8　評価の工夫

・**子どもにも分かるように即時に評価をする**

　話すこと・聞くことの学習では，評価の対象である子どもの話している姿

を後から評価することが難しい。そこで，本単元では，「夏休みの思い出発表会」をしているその場で，即時に評価をしていく。具体的な方法としては，①友達に伝わるようにはっきり話す，②丁寧な言葉で話す，③順番を考えながら話すという３つの評価規準に対して，Ａ・Ｂの印が書かれた小さなカードを用意する。子ども同士で話している様子を聞き，その場で評価をしてカードを子どもに渡す。こうすることで，子どもも自分の話し方についてどの程度達成できているのかを知ることができる。そして，ペアを変えて話す時には，自分の話し方を改善することができる。教師は，学習の終わりにそのカードを集め，単元のねらいに対して評価することができる。

・視点を絞った学習感想を記述させる

　学習感想も，話すこと・聞くことの学習を評価する上で，大切の材料となる。しかし，ただ学習感想を書かせてしまうと，教師が単元でねらっていたことから外れた感想を書いてしまう子どももいるだろう。そこで，本単元では，①自分が夏休みの思い出を話したこと，②友達の夏休みの思い出を聞いたことという２つの視点に絞り，学習感想を書かせる。以下は，実際に子どもが書いた学習感想である。視点を絞ることで，自分の話し方についての感想や，友達の話し方についての感想が多くあがった。また，話すことへの意欲に関する感想もあった。こうすることで，評価の際もねらいに即した評価をすることができると考えた。

〈子どものふり返り例〉

夏休みの思い出を話してみて

・はなしているときに，みんながちゃんときいてくれた。

・もっといろいろなことをはなしたいとおもった。

友達の夏休みの思い出を聞いてみて

・みんなとてもたのしいことをしたんだなとおもった。

・ともだちのはなしをきくのはたのしいとおもった。

〈永井佑樹〉

学校行事への意欲を生かした，探究から始める学習過程

単元名：みんなで「どうぶつえんのかくれんぼ」をつくろう

時期：2学期　領域：読むこと　時間数：全8時間
関連教材：「うみのかくれんぼ」（光村図書1年上）

―1　深い学びを生み出す習得・活用・探究の学習過程のポイント―

①自分が詳しく知りたい生き物を決めて調べる。（探究）
②教材文を読んで，「問い・答え」の構成が分かる。（習得）
③動物園への遠足の経験を生かして「どうぶつえんのかくれんぼ」をつくる。（活用）

　1年生の2学期を迎えた子どもたちは，教材文を目にしたらすぐに「自分で読んでみたい」「友達と一緒に読んでみたい」という学習への意欲が高まる。しかし，まだ1人では上手に読めなかったり，読むこと自体に慣れていなかったりしており，意欲に対して技能が伴っていない子どもが多い。

　また低学年の説明的文章の学習は，同じ形式の文章を繰り返し読み，意味を理解することを通して自然と文章の順序のつながりを実感するような学習が多い。低学年の子どもは，「そのため」が目的を表しているということを教えても分からないので，「そのため」が使われている文章を繰り返し読むことを通して，文章のつながりを経験を通して学んでいくしかない。そのため文章を繰り返して読むという習得を繰り返した後，その構造を使って書くという活用につなげるという，習得→活用型の授業が多いという実態がある。しかしそのような学習では最初は楽しく学習していたが，繰り返しているうちに飽きてしまう子どもも多くいる。

　そこで子どもに目的意識をもたせつつ，繰り返しながらも，高い意欲を保ったまま学習をさせたいと考えた。読むことの技能を高めるだけではなく，

「読むことは楽しい」「もっと読みたい」という気持ちも高まるようにしたい。そこで，子どもたちが楽しみにしている学校行事である遠足への意欲を国語科学習に生かす単元を設定した。動物園で最もじっくりと見たい生き物について，教材文と同じような構成で自分も文章を書くという学習活動の目標を単元の最初に子どもに示すことにより，目的をもって読めるようにした。探究につながる活動から学習がスタートすることにより，子どもの意欲を高く維持したまま学習を進めることができ，繰り返しの音読や，言葉１つ１つにこだわったていねいな読みも意欲的にできるようになるよう設計した。

2 単元のねらいと概要

本単元では，学級のみんなで「どうぶつえんのかくれんぼ」を作るという課題を設定した。教材文「うみのかくれんぼ」を用いた学習の中で，「問い・答え」の文章構成に慣れ，問いの文と答えの文のつながりを実感できるようにする。秋の遠足で動物園に行くので，自分がじっくりと見たい生き物を決め，その生き物について教材文の構成に当てはめて自分でも「どうぶつえんのかくれんぼ」を書いてみるという学習活動を取り入れた。

単元の途中では，朝読書の時間なども活用して生き物に関わる科学読み物や図鑑を読む時間を設けた。また，学校司書から図鑑の使い方を学習する時間も設定した。生活科や学級活動の時間で行った生き物を調べる学習や遠足の事前学習で学んだことも本単元の学習の中に生かせるようにした。

|付けたい力|
○事柄の順序や文章表現上の順序を考えながら読む力
○内容の大体を読んで理解する力
○自分が調べたいことについて載っている本や文章を選んで読む力

3 主な評価規準

○事柄の順序や文章表現上の順序などを考えながら内容の大体を読んでいる。

(読むこと　イ)

○文章の内容と自分が調べたことを結び付けて，自分の思いや考えをまとめ，発表し合っている。　　　　　　　　　　　　　　（読むこと　オ）

4　単元のイメージ

| 第一次（二時間）探究 | 学習過程
単元の学習
目的の理解
↓ | 第1時　課題をつかみ，学習の見通しをもつ。
○教師の作成したモデル文（動物園で見学するオランウータンについて書いた教材文の構成と同じもの）を読み，遠足への意欲を高める。　　　　　　　　　　…①
みんなで「どうぶつえんのかくれんぼ」をつくろう
○生き物について詳しく書いてある文章として教材文「うみのかくれんぼ」の範読を聞き，学習への関心をもつ。
○生き物に関する科学読み物や図鑑を選んで読む。
○「どうぶつえんのかくれんぼ」をつくるという，目的をもって教材文を読めるようにして探究につなげていく。
※以下，生活科や学級活動の時間等を活用する。
・自分が動物園で詳しく見たい生き物を決める。
・詳しく見たい動物ごとに遠足の行動班を編成する。
・科学読み物や図鑑を活用し，自分が決めた生き物について調べる。　　　　　　　　　　　　　　　　　…②
・図書司書から図鑑の使い方を習う。
第2時　教材文を読み，自分の好きなところを見つけ発表し合う。
○すらすらと読めるように，音読の練習をする。
○「わたしは○○がすきです。〜からです」の形を基本にして，教材文に出てくる「はまぐり」「たこ」「もくずしょい」の中から1つ選んで，好きなところをノートに書く。
○ペアをつくってノートに書いたことを発表し合う。友達の発表は自分と同じところ，違うところを探しながら聞 |

第二次（五時間）習得↔活用	教材文を読み，おおまかな書き方を知る　↓	第3時　教材文「うみのかくれんぼ」を読む。　…③	
		「うみのかくれんぼ」をおてほんにして「どうぶつえんのかくれんぼ」をつくろう	
		○すらすらと読めるように，音読の練習をする。	
		○冒頭の「問い」と「はまぐり」の部分を全体で読み，文章構成と内容を確認する。	
		・「問い」に対する答えを探し，「何が」「どこに」「どのようにして」隠れているのか読み取る。	
	教材文を活用して書く　↓	第4・5時　自分の好きな生き物について「どうぶつえんのかくれんぼ」の下書きを書く。　…③	
		○生活科や学級活動の時間に調べた自分の好きな動物についてのメモをもとに，構成メモを作る。	
		○教材文「うみのかくれんぼ」の構成に合わせて，自分の好きな「どうぶつえんのかくれんぼ」を書く。	
		○ここで書くのは下書きであり，後で推敲と清書をすること伝え，気軽に書くように伝える。	
	教材文から文のつながりを理解する　↓	第6・7時　教材文「うみのかくれんぼ」を読む。　…③	
		○すらすらと読めるように，音読の練習をする。	
		○事柄の順序を考えながら教材文を全体で読み取る。	
		○自分の書いた「どうぶつえんのかくれんぼ」を読み返し，事柄の順序や構成を確認し，推敲する。	
第三次（一時間）活用	作品を読み合う	第8時　「どうぶつえんのかくれんぼ」を読み合い，感想を伝え合う。　…④	
		みんなのつくった「どうぶつえんのかくれんぼ」をよもう	
		○友達の書いた「どうぶつえんのかくれんぼ」を読み，感想を伝え合う。	
		○書いた原稿を綴じ，クラスで1冊の本にまとめ学級文庫に入れる。	

5 単元全体の学習過程のポイント

①探究につながる活動
学校行事を契機にし，学習意欲の喚起につなげる

　本単元では，動物園に遠足に行くことを楽しみにしている子どもたちの気持ちを大切に，その意欲を国語科学習への意欲にもつながるようにした。教材文は事柄の順序が分かりやすく説明されているとともに，子どもの興味を引き出す写真が添えられている。そこで，本単元の最初にオランウータンの写真とともに，教師が作成したモデル文を示すことにより，子どもたちの気持ちを高めてから，教材文の学習に入るようにした。このことにより，目的をもって教材文が読むことができる。

②探究につながる活動
グループ活動　他教科や行事，その他の時間の有効活用

　生活科や学級活動の時間を用いて，生き物について自由に調べる時間をもった。その中には，学校司書の協力を得て，生き物に関する科学読み物や図鑑を置いた特設文庫を設置したり，図鑑の使い方を指導したりした。特設文庫の本を，子どもたちは積極的に読んでいた。

③習得⇔活用
教材文を参考にしながら，自分で文章を書く学習活動

　「習得」の学習過程のうち，まず，教材文の冒頭部分のみ全体で読んだ。そこで理解した事柄の順序や文章表現上の順序を生かして，自分自身の「どうぶつえんのかくれんぼ」を書く学習活動につなげ，「活用」の学習過程へと移行した。書き終わってから，もう一度「習得」の学習過程に戻り，教材文の残りの部分を読んだ。このように「習得」と「活用」の学習過程を往還させることにより，読むことの学習と書くことの学習が密接に関連し，そのことによって目的をもって読んだり，書いたりすることができる。その結果事柄の順序や文章表現上の順序をより深く理解することにつながると考える。

④活用
みんなで「どうぶつえんのかくれんぼ」をつくる

単元の最後には,一人一人書いた「どうぶつえんのかくれんぼ」を綴って1冊の本にし,学級文庫に収めた。本をいつでも手にとれるようにすることで,次の学習の参考にすることができる。

学級文庫に収めたことで,授業参観に来た保護者や他の教員にも手にとってもらうことができ,「上手に書けているね」などと子どもたちに言葉をかけて頂けた。

6 本時の流れ(5時/全8時間)

時	学習活動	指導上の留意点
3分	○前時までの学習をふり返り,本時のめあてを確認する。 「うみのかくれんぼ」をおてほんにして,じぶんの「どうぶつえんのかくれんぼ」をかこう。	
5分	○本文の冒頭部分(「問い」・「はまぐり」について書かれている部分)を音読する。	教師の後を追って読ませる。一文ずつ区切って,どの子どもも確実に読めるようにさせる。
10分	○「問い」の部分について,全体で構成を確認しながら,文章を書く。　…❶	音読した部分を黒板に示し,全体で書き込みながら確認できるようにする。
20分	○「はまぐり」について書かれた部分の構成を参考にしながら,自分の「どうぶつえんのか	前時に作成した構成メモをもとにさ

	くれんぼ」を書く。	せる。 同じ生き物について調べている遠足の行動班で集まり，友達と相談しながら学習を進められるようにする。 …❷
5分 2分	○書いた文章を読み返す。 ○完成した文章を元に本時の学習をふり返る。 …❸	

7　本時の学習過程のポイント

❶ 習得・活用

教材文をお手本に自分で文章を書く

　前時までに読んで理解した文章構成をもとに，自分で文を書く。何度も繰り返して音読をしたことにより，子どもたちは文章を覚えるほどになっている。また音読した部分を黒板に示して「問い」の部分を全体で共有することにより，子どもは「問い」の文に何を書けばよいのか理解することができている。これも書くことを意識して読んできたことが大きいと考える。その積み重ねにより子どもたちはスムーズに問いの文章を書くことができた。

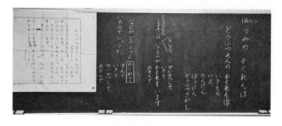

❷ 探究・活用

グループでの学習を個人での学習に生かす

　前時に書いた構成メモをもとに，自分の「どうぶつえんのかくれんぼ」を

書く。子どもたちは遠足で調べたことを伝えたいという目的で文章を読んでいるので，スムーズに書くことに移ることができる。また遠足の行動班のメンバーは同じ生き物について調べている。そのため遠足の行動班同士で近くに座らせて，相談したい時には，いつでも相談できるようにした。友達と確認し合えるという環境を設定することにより，個人の学習も安心して行うことができ，そのため書く際の意欲を高く保てる。

❸活用
自分で書いた文章が手元に残る

作品が出来上がった喜びは大きい。1年生にとって，原稿用紙に文章を書く経験はまだ浅く，文章が書けたという喜びはとても大きく感じられるようである。自分も教科書のように上手に文章が書けたという喜びが単元の終末で感じられることにより，達成感や自己有用感，次時への意欲へとつなげることができた。

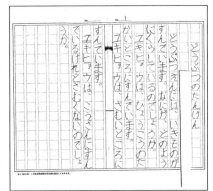

8 評価の工夫

・毎時間の「ふり返り」を積み重ねる

毎時間の終末には，「ふり返り」を書く時間をとり，初めて知ったこと，分かったことなどを書いた。単元の終末には，「ふり返り」にどんなことを書いたかまとめて読むことにより，内容理解の深まりにつながった。

・他者からの評価を自己への肯定的な評価へつなげる

単元の終末では，自分が書いた作品を友達に読んでもらった。読んだ友達は，よいと思ったところを必ず本人に伝えるようにした。友達からのよい評価によって，「もっとやりたい」「がんばってよかった」などと，肯定的な自己評価をすることができた。

〈遠藤貴子〉

子どもの主体的な学びにつながる書くことの学習過程

単元名：くみ立てを考えて書き，知らせよう

時期：2学期　領域：書くこと　時間数：全8時間
関連教材：「こんなもの，見つけたよ」（光村図書2年上）

―1　深い学びを生み出す習得・活用・探究の学習過程のポイント―

①子どもの「思い」から授業をはじめる。（探究）
②「始め」「中」「終わり」の構成で文章を書く。（習得）
③作品集を作り，友達で読み合う。（活用）

　2年生の子どもたちは，日常生活の中で，様々な「思い」をもち生活している。子どもと話していると，そんなことを考えているのかと教師が驚くこともある。しかし，それを文章に書いて知らせるという学習は行っていない。そこで，子どものその「思い」を大切にすることで，探究→習得→活用という学習過程になり，主体的に書く力を身に付ける学習になると考えた。簡単な構成を考えて書いた作品を交流することを通して，書いて伝えることのよさを実感し，どんどん書くことが好きになる子どもたちを育てることができると考えた。

２　単元のねらいと概要

　本単元では，「くみ立てを考えて書く」という目標で，文の構成を考えて文章を書く活動を行う。子どもたちが，「思い」をもって書くことができるように，できるだけ身近な地域の事柄を題材として作品を書く。取材や構成，記述等の過程を通して書くことで，書くことの流れを学ぶ。そして文章で「思い」を伝えられたという経験から子どもたちは，文章を書くことに自信をもち，書くことが好きになっていくと考えられる。本単元では，特に，

「始め」「中」「終わり」の構成を知り，文章の成り立ちについて理解し，文章の基本的な書き方を学ぶ。それを生かして，自分の「思い」を大切にして，意欲的に書きたいと思う子どもたちの姿が見られることを目指す。

|付けたい力|
○文章を書くために，取材をする力
○構成を考えて，文章を書く力
○自分の「思い」を書く力

―――――― **3　主な評価規準** ――――――

○地域のことから書こうとする題材を選び，必要な事柄を集めている。
　　　　　　　　　　　　　　　　　　　　　　　　　　　（書くこと　ア）
○「始め」「中」「終わり」の構成を意識して，自分の「思い」を書いている。
　　　　　　　　　　　　　　　　　　　　　　　　　　　（書くこと　イ）

―――――― **4　単元のイメージ** ――――――

	学習過程		
第一次（二時間）探究・習得	単元の学習目的の理解　↓	第1時　単元の見通しをもつ。○地域の写真を見せながら，地域にあるおもしろいものへの関心をもつ。　　　　　　　　　　　　　　…①・不思議な生き物がいた。・誰も知らない，秘密の道がある。○「くみ立てを考えて書く」という課題を共有し，学級全体で学習の計画を立てる。	
	取材の方法理解　↓	第2時　取材の仕方を理解し，取材をする。○取材の仕方を確認する。　　　　　　　　　　…②○取材の観点を示し，地域にあるおもしろいものを調べる。（課外）　　　　　　　　　　　　　　　　　　…③	
	構成から記述までの方法理解	第3・4時　くみ立てを考えて書く。○例文を読んで，完成した作品のイメージをもつ。　…④	

第二次(五時間)習得
　↓
推敲の方法理解
　↓
他者からの評価
学習のふり返り

第三次(一時間)活用

○書きたい題材を選び，取材してきたことをくみ立てメモに書く。
○くみ立てメモを読み合い，感想を伝え合う。

第5・6時　記述をする。
○「始め」「中」「終わり」の書き方について，例文をもとに確認する。

第7時　自分で作品を読み直す。
○ふり返りシートの内容をふり返りながら，自分の作品を確かめる。

第8時　お互いの作品を読み合う。　　　　　　　　　…⑤
○クラス全体で作品を読み合い，感想を付箋紙に書いて伝える。
○単元を通して，できるようになったことをふり返る。

5　単元全体の学習過程のポイント

①探究につながる活動
自分の「思い」をもとに学習に取り組む

　書くことが好きになるには，導入で「書いてみたい」「書けるだろう」と見通しをもたせることが大切である。本単元では，子どもたちが「書いてみたい」と思うことができるよう題材を地域とした。生活科では，地域探検に出かけ，地域のことを共有し，理解を深めている。そこで，「地域にあるおもしろいものを書いて知らせよう」と提案した。「不思議な生き物がいたよ」「帰り道の途中に，ぷにゅぷにゅの実がなっているよ」と低学年の子どもならではの視点で地域を見つめた発言があった。重ねて，教師の撮りためた写真を提示することで，取材する事柄を具体的に想像させ，誰もが「思い」をもって学習に取り組むことができる。

②探究につながる活動
取材の仕方を確かめる

取材したい事柄が分かっても，どう取材してよいかわからない子どももいる。そのためどんなことを取材していくかをクラス全体で確かめた。既習事項を生かし，「大きさ」「形」「色」「におい」などの身体の五感を使った取材の視点を確認した。また，取材カード1枚に1つの題材を取材するように指導した。カードにつき題材1つとすることで取材すればするほどカードが増えることになる。このようにカードを収集する楽しさを味わうことができるようにするとより効果的に取材をすることができる。

③ 習得
取材を生かして記述へと学習をつなげる

　「取材（選材）→構成→記述→推敲→交流」と書くことの流れを確認することが重要である。構成（くみ立て）を考えることが難しい子どもには，「もう一度，見てきてごらん（取材）」とか「別の題材の方がおもしろいかもね（選材）」と個別に声をかけ往復する学習過程になるようにした。一人一人に合わせた声かけで，その子の「思い」を子ども自身がはっきりともつことができるようにした。その上で，書くことの指導を行うと，自分の「思い」をはっきりとさせて書くことができる。書き始める前の「取材」をくり返し行うことで，子どもは何を書きたいのかはっきりしてくる。このように子どもは書きたいことをはっきりとさせて，書き進めるようにした。

④ 習得
例文の提示により学習活動を確かめる

　子どもたちは，目指すものを具体的にイメージすることができれば，具体的な目標が生まれ，その作品に自分の作品を近づけようとする。その有効な手段として例文の提示がある。実際の指導の場面でも，完成された作品のために「どんな取材をしたのか」「どんなくみ立てを考えたのか」という学習活動を例文から具体的に提示することができ，子どもたちは迷わずに活動に取り組むことができた。また，教師が例文を書くことは，教師も，「何を」「どのように」書かせたいのかがはっきりするので，指導する上で効果的である。教師が書くことが難しいものは，子どもにとっても難しいのである。

そこで，どんな手だてをとるのがよいのか，どんなことを取材するとよいのかなどを考え，より子どもに書きやすいと思わせる指導を行うことができる。

⑤ 活用

書いた作品を読み合い，感想を伝え合う

書いた作品が実際に活用される場面の設定を行う。地域のおもしろいものを相手に読んでもらうために書くので，最後に実際に友達の作品を読み合う時間を設定した。今までの自分の頑張りが成就する瞬間でもあり，今まで知らなかった相手のよさを知る瞬間でもある。実際に作品を通して感想を伝え合うことにより，お互いの頑張りを認め合うことにつながる。「もっと，書いて知らせたい」「書いてよかった」という感想をもたせることができる。

6　本時の流れ（3時／全8時間）

時	学習活動	指導上の留意点
5分	○単元の計画を確認して，本時のめあてを確かめる。　　　　　　　　　　　　　　　…❶	前時の子どもの活動のよい作品を紹介する。
	取材カードを見て，くみ立てメモを書こう。	
	○くみ立てメモの書き方を知る。	例文とそのくみ立

15分	・「始め」「中」「終わり」に書く内容を確かめる。	てメモ・取材カードを拡大して提示する。 …❷
20分	○くみ立てメモを書く。 ・「始め」「中」「終わり」に分けて書く。 ・知らせたい順番を考えながら，メモを書く。 ・もう一度取材したいことがあったら，取材カードで後日再取材する。	書き終わった場合は，交流の場所を設定し，お互いにメモを読み合い，感想を伝える。読み合うための観点を示しておく。
5分	○本時の学習をふり返る。 …❸	本時の学習でできたこと・感じたことを書かせる。

7 本時の学習過程のポイント

❶ 探究につながる活動→習得

単元の計画を確認して，本時の学習の見通しをもたせる

　前時までに，「取材カード」で地域のことを取材してきている。そこから「くみ立てメモ」を書くことが本時のねらいである。単元の計画を確認することで，本時の活動を何のためにするのかが明確になり，主体的な学習となる。また取材を通して，書いてみたいことが十分に高まっていることで，「くみ立てメモ」の「始め」「中」「終わり」に合わせてメモを書くことができるようになる。

❷ 習得
例文の提示をして，活動を理解させる

　教師は例文を通して，どのような「くみ立てメモ」を完成させるとよいのかを示すことができ，子どもたちは自分の課題を明確にもつことができる。例文を読み「くみ立てメモ」を書くという活動の理解を図るとともに，どのように作品につながっていくのかというつながりを具体的に示し，子どもたちの「書きたい」「書ける」という意欲を高めることができる。また，書き終わったものを子ども同士で読み合うことにより，「くみ立てメモ」の観点を意識し，学びを深めることができる。

❸ 活用
本時の学習をふり返る

　本時のめあてを達成したことも大切であるが，達成する中で「どのようなことができたのか」「どのようなことに困ったのか」をふり返らせるようにする。自分の学習をふり返る習慣を身に付けていくことで，メタ認知的な思考を繰り返すことができ，自分を客観的に見つめることができるようになっていく。一度では難しくても，何度も繰り返すことや，教師が見つけたよいふり返りの例を確認し，質の高いふり返り活動にふれることで，少しずつ身に付けていくことができる。

8　評価の工夫

・学習感想には，学びの過程を記述させる

　単元を通して，自分ができるようになったことや頑張ったことを書いてふり返ることが大切である。自分の頑張りをメタ認知する力が高まれば，自分をより客観的にふり返ることができる。更に，書くことに自信をもつこともできる。書いたものを通して，お互いによさを伝え合うことで，今まで気が付かなかったよさに気付き，それを自己の成長として認識する時間をもつことが大切である。自分の学びを更なる力に変えて主体的に学ぼうとする意欲をもたせるためには，メタ認知の力をもち，自分の頑張りを素直に認めるこ

とが重要である。それを集団で積み重ねることで，学級がより高みを目指して学習する集団へと変貌することができる。

〈子どものふり返り例〉
・できるようになったことは，しゅざいです。しゅざいするのは，たのしかったです。
・わたしは，しょくぶつのかんさつとさくぶんを書くのがうまくなったと思います。

・**評価を指導につなげる教師の言葉かけ**
　前時の子どもの活動をワークシートや作品から確認して，導入の場面でよさを評価する。実際に子どもたちから，「よくなっている」「分かりやすい」などの発言を得ることができれば，書いた子どもにとっては自信につながる。また，苦手な子どもにとっては，活動の手がかりを得ることができ，学びを進めることが容易になる。何よりも，実際に書いたもののよさを認めることで，互いに認め合える学習環境をつくり出すことができ，何事もよくとらえようとする気持ちを高めることができる。

〈岩佐洋一〉

生活体験と関連づけて読み進め，他の文章と比べて読みを深める学習過程

単元名：読んでわかったことをまとめよう

時期：1学期　領域：読むこと　時間数：全11時間
関連教材：「たんぽぽのちえ」（光村図書2年上），「たんぽぽ」（東京書籍2年上）

―1　深い学びを生み出す習得・活用・探究の学習過程のポイント―

①子どもの生活体験と実感に即して学習課題を設定し，学習を進める。（探究）
②言葉に立ち止まって読む。（習得）
③違う種類の順序をもつ文章と比べて読む。（活用）

1年生から十分に話すこと聞くことを楽しみ，学習ルールに慣れ，言葉の学習を進めてきた2年生1学期の子どもたちだが，文章を読むことに苦手意識が残る子もいる。子どもたちの生活体験と実感を十分に引き出しながら読み進めることで，文章を理解することを目指した。文字への抵抗感を減らし，読むことの楽しさを感じさせたい。

―――2　単元のねらいと概要―――

本単元では，子どもたちにとって身近なたんぽぽを題材にした説明文を用いて，子どもたちが知っていることや体験したことと文章を関係づけて読み，順序を考えながらおおまかな内容を読むことを目指す。教科書教本の「たんぽぽのちえ」を十分に読んだ後で，たんぽぽを題材にした異なる説明文と出会うことで，文章を比べることになる。それぞれの文章のよさに気付いたことを言葉で表現することもねらった。

|付けたい力|

○体験したことなど知っていることと文章をつなげて読み取る力

○順序を考えながら内容の大体を読む力
○文章のよさを感じる力

3 主な評価規準

○季節，日にち，時を表す言葉に着目して読んでいる。　　（読むこと　イ）
○大事な言葉や文を書き抜き，感じたことや思ったことを書き添えている。
　　　　　　　　　　　　　　　　　　　　　　　　（読むこと　エ・オ）

4 単元のイメージ

第一次（二時間）探究	学習過程	
	初発の感想	第1時　題名を読み，初発の感想をもつ。
	学習課題作り ↓	第2時　自分の学習課題を書く。 ○子どもの生活体験と実感に即して学習課題を設定し，学習を進める。　　　　　　　　　　　　　　　…①
第二次（六時間）習得	学習課題に沿って読む	第3～8時　子どもたちから出た学習課題に沿って，教材文「たんぽぽのちえ」を読む。
	知恵・理由などの分かったことや自分が考えたことを表にまとめる ↓	○第3時「たんぽぽは春にならないとさかないのかな。ふしぎ」「なんでたんぽぽは黄色いのだろう」言葉に立ち止まって読む。　　　　　　　　　　…③ ○第4時「どうしてたんぽぽの花はだんだんくろっぽい色にかわっていくんだろう」「どれくらい太らせるんだろう」 ○第5時「どうやってわたげになるのかな」 ○第6時「なんでとおくまでとばすひつようがあるんだろう」 ○第7時「たんぽぽはなんで雨ふりの日はとじちゃうんだろう」 ○第8時「わたげはとんだらだいたいなんこなかまをふやせるのかな」

第三次（三時間）活用	もう1つの文章と読み比べる	第9時	実際に体感する。　　　　　　　　　　　　　　…② 教材文「たんぽぽ」を読み，「たんぽぽのちえ」と同じこと，違うこと，気付いたことを書く。 違う種類の順序をもつ文章と比べて読む。　　　…④
	↓		
	理由を説明する表現に習熟する	第10時	理由を説明する文末表現を使って文を書く。 言葉の使い方を学ぶ。　　　　　　　　　　　　…⑤
	↓		
	学習をふり返る	第11時	「たんぽぽのちえ」のいいところをまとめる。

5　単元全体の学習過程のポイント

①探究につながる活動

子どもの生活体験と実感に即して学習課題を設定し，学習を進める

　たんぽぽは，子どもたちにとって魅力的な存在であるようだ。マンションが建ち並ぶ都会にも，ちょっとした土を見つけて咲いている。子どもたちの多くはその様子を生まれてから今までの生活で何度も目にし，小さくて強い黄色い花や，はかなげでかつ強かな綿毛に心ひかれている。「たんぽぽのちえ」という題名を示すと，男女問わず「わぁっ」と嬉しそうな顔をする。初めて読んで書いた感想には，「たんぽぽってすごいとおもいました。なぜかというと，たんぽぽの種がまた風にふかれて遠くへいって育つからです」という素直な感動や「なんでたんぽぽは黄色いのだろう」「なんで雨にぬれるととじちゃうんだろう」という素朴な疑問が並ぶ。こうした子どもたちの自然な反応を学習課題につなげて，読みに活かしていく。体験したことなどの知っていることと文章がつながることで，その言葉がどのような意味を表すのか具体的にイメージすることができ，理解が深まる。また，子どもは単元の最後に書く活動を取り入れることで説明を文章にすることのよさを体感していくこともねらった。

② 探究につながる活動
　実際に体感する
　第8時「わたげはとんだらだいたい何個仲間をふやせるのかな」という学習課題を出したＡ児は，書くことや読むことが不得手で，初めの感想にはノートに何も書かなかった。しかし，第3時にみんなで音読したところで，ふとこの課題が浮かんだようである。第8時の朝は，すっきりと晴れわたり，綿毛になったたんぽぽの軸がぐんぐんと伸びている様子を子どもたちは実際に観察することができた。綿毛になったたんぽぽの軸を，花の状態で摘んだたんぽぽの軸と比べて見せると，「ながぁい！」と声が上がった。みんなで手分けをして綿毛にいくつ種がついているか数えたところ，1つの軸に148個の種がついていることが分かった。Ａ児も夢中になって数えていた。そして，子どもたちは綿毛を何度も高い場所から飛ばしてみては「本当だぁ，らっかさんみたい！」と楽しんだ。最後に教室の窓から風に乗せて飛ばした。実際にあることが言葉になっていることで，子どもたちは言葉への信頼を深めている。また，文章には書かれていない事実があることにも気付いている。

③ 習得
　言葉に立ち止まって読む
　書かれている言葉の意味を具体的に理解するために立ち止まってみんなで考えることが重要である。
　「たんぽぽは春にならないとさかないのかな，ふしぎ」という子どもから出た学習課題をもとに，「『春になると』だって。最近たんぽぽを見ましたか」と教師が問うと子どもたちは，「見た，見た」「マンションで」「川原で」「せせらぎ公園」「いこいの森公園の立ち入り禁止の場所に咲いていた」と子どもたちは次々と場所を思い浮かべ言うことができた。しかしある子どもが「冬にも見たよ」と言うと「えぇっ！」「どこで見たの」「本当だよ，マンションに咲いていた」というやりとりが子どもに始まる。そこで教師が「いくつぐらい咲いていたの」と尋ねると，「1つ」「おれ，夏にも見たことある」「あたし，秋にも見たことある」と続いた。訊いてみると，春にはほぼ全員

Chapter3　実践編　深い学びを実現する学習過程を工夫した学年別・国語授業プラン

の子どもが見ていて，夏にも秋にも学級の半分くらいの子どもが見たことがあり，冬にも見たことがある子どもも数名いることが分かった。「夏にも秋にも咲いているのを見るけど，春に一番多く咲くのですね」とまとめた。「春になると」という言葉に立ち止まって読んだことで，子どもたちはこの言葉が選ばれて使われていることを感じていた。

④ 活用
違う種類の順序をもつ文章と比べて読む

「たんぽぽのちえ」は時間の順序で書かれた説明文である。花が咲いてから綿毛になって飛んでいくまでの時をたどりながら，たんぽぽの知恵とも呼べる変化を説明している。一方，「たんぽぽ」は，事柄の順序で書かれた説明文である。葉，根，花，実，綿毛，種とたんぽぽの一部分について注目した順番に書かれている。子どもたちは，順序の違いにはなかなか意識が向かないが，同じようにたんぽぽの花が咲いてから綿毛となって飛んでいってなかまを増やす様子を説明した文章の書かれ方として，それぞれの違いやよさに気付くことができた。

⑤ 習得
言葉の使い方を学ぶ

理由を表す文末表現「～からです」が「たんぽぽのちえ」に出てくると子どもたちが気付いたことを受けて，次の時間（第12時）に理由を説明する文を書く学習を行った。「～からです」が使えるようになるとともに，文を作る中で，話し言葉では，「だって～だから」「～んだよ」「～なんだもん」という理由を表す表現があることを発見した。

また，文中の「らっかさんのように」を読む際に「比喩・たとえ」の学習用語を紹介し，意識的に取り上げるようにした。次の単元「かんさつ名人になろう」でも，トマトの様子を「比喩・たとえ」を使って詳しく表していた。このように子どもがたんぽぽについて読んでいる途中に自然と言語事項の習得を行うことは受身の学習にならず，子どもの主体的な学習になるので，実生活に生きる言葉の使い方を学ぶのは有効な学習の流れとなる。

6 本時の流れ（9時／全11時間）

時	学習活動	指導上の留意点
2分	○本時のめあてを確認する。	
	「たんぽぽのちえ」のいいところを見つけよう。	
10分	○「たんぽぽ」の本文を読む。	書いてないことを挙げるだけの批判にならないように，「たんぽぽのちえ」のよいところに着目させる。
10分	○「たんぽぽのちえ」と同じこと，違うこと，気付いたことをノートにまとめる。	
20分	○考えたことや気付いたことを話し合う。…❶	
3分	○今日の学習をふり返る	

7 本時の学習過程のポイント

❶ 活用→習得

「たんぽぽのちえ」と同じこと，違うこと，気付いたことをノートに書き，話し合う

「たんぽぽのちえ」を十分に読みこんだ子どもたちは，すっかり植村利夫さんのファンである。本時で「たんぽぽ」を読んだ子どもたちは，「たんぽぽのちえ」にはない，葉の記述や根を掘ってみると100センチメートル以上のものもあったという記述に感嘆のような声とともに，地団駄を踏まんばかりの悔しさを表した。植村さんに負けてほしくないので，「たんぽぽがふまれたりつみとられたりしても生きかえることを書いてほしい」「たんぽぽのねっことかはっぱのことをもっと知りたい」と植村さんに意見を言いたくなっていた。

しかし，ないものを挙げるだけでは全ての文章を同じにするしか解決方法

がなくなってしまう。ここでは，「たんぽぽのちえ」と「たんぽぽ」の同じことと違うことを見て，「たんぽぽのちえ」にあったいいところは何かと投げかけ，子どもたちの意識の方向を転換した。すると，「たんぽぽ」にはない観点からの記述に着目した意見が出た。「『２，３日たつと，』が分かるところ」と時の順序があることを再発見したり，「『たんぽぽは，たねをどんどん太らせるのです。』がーばんイメージが出てきて分かりやすかった」とたんぽぽが花の軸を倒して種に栄養を送る知恵を改めて思い返したり，「なんだかいろんなことがわかりやすい。たとえば，『しめり気の多い日や』のところはふうん，そういうの見ておこうって分かるから」と自分が初めて知ったことについて詳しい記述に注目したりしていた。そして，「どうやってこのおはなしが書けたんですか」「うえむらとしおさんはいっぱいたんぽぽのちえを見てかんさつしているんだなとわかった」と植村さんの著者として研究者としての働きに目を向ける子どももいた。

　このように文章の著者によって注目する点がちがうことを子どもが発見することができた。

8　評価の工夫

・**自然に学習のふり返りができるしかけづくり**

　「たんぽぽのちえ」と「たんぽぽ」を比べて読むことは，「たんぽぽのちえ」の世界にどっぷりと浸かっていた子どもたちが今一度「たんぽぽのちえ」を客観的に読み直す機会となった。そうすることで，第１時〜第８時までは自分の体験と関連づけて共感をもって親しんできた「たんぽぽのちえ」の大事なところを改めて選んで書き抜いたり，記述のよさを言葉にしたりした。文章を比較し客観視することで自分の注目したことが明らかになったようである。自分が学んだことを２年生なりに表現することができた。

・**座席表を使った子どもの見とり**

　学習後，座席表に子どもたちの読みを書いて把握した。それを学習中の読みや支援に活用することで，子どもの気付きを全体に活かす学習にしていく。

2年2組　4月30日（水）教科　国語　単元　たんぽぽはかせになろう「たんぽぽのちえ」（うえむらとしお）

わた毛をとばすのは、おあそんでやっていたけどとばしたほうがいいんだなとわかった。	わた毛がしめって、おもくなるとたねをとおくまでとばすことができないからです。	たんぽぽは、わた毛をとばしてなかまをつくる力があるんだなとおもいました。	たんぽぽは、こんなちえがあるんだなとおもいました。	2，3日たつと、その花はしぼっじゃっていうのはたねが出るんだなとおもいました。雨ふりの日には、わた毛のらっかさんは、すぼんじゃうのがかなしいとおもいました。	2，3日かんだけ黄色いきれいなあかるい色のしているたんぽぽがさくんだとおもいました。
たんぽぽはあたがいいなとおもいました。なぜかというとちえをいっぱいつかっているからです。	たんぽぽは、いろんなちえをもっていることがわかった。2，3日たつとくろくなっていくのがわかった。しめり気がおおいときや雨ふりのときにらっかさんはすぼんでしまうのがわかった。	たんぽぽがいろいろなくふうをしているのがわかった。2，3日たつとくろっぽい色にかわるんだなとおもいました。	たんぽぽがたねを太らせたのがよくわかりました。たんぽぽがかれないのがわかりました。	たんぽぽはそんなにちえをつかっているなんてびっくりしました。たんぽぽってすごいですね。なんてたんぽぽは、さいているときは黄色なのにまさくと色は白なの。	どうして2，3日たつとしぼんでしまうの。なぜ色がかわるの。
たんぽぽは、たおれてもかれていないんだなっておもった。2，3日たつとだんだんくろっぽい色になるんだなっておもいました。	たんぽぽがねてからおき上がるのがすごくびっくりした。	たんぽぽは、じぶんのなかまをふやせることがすごいとおもった。	たんぽぽは、こうやってそだつんだってわかるとすごくった。たんぽぽくろくなっているところをあんまり見たことがないから見てみたいです。	くろっぽくなるってはじめてきいた。春になるとたねの毛が入って目からたんぽぽがはえてきたってとてもな早くしぼむんだ。	おばあちゃんからアフリカで男の人の目にわた毛が入って目からたんぽぽがはえてきたって言ったからびっくりしました。雨がふったらぼんじゅうのはかわいそうだなとおもいました。
たおれておき上がるのがわかりました。じぶんでおき上がる力があるんだ。	雨ふりの日には、わた毛のらっかさんは、すぼんだってわかりました。かれてないのにかれているみたい。	たんぽぽは、どうやっていろいろわた毛のらっかさんができるのかなとさいしょはおもっていましたが、このたんぽぽのちえを見てよくわかりました。たんぽぽがかれておわったのかなとおもいました。でもまだかれていません、と書いてあったのでびっくりしました。	たんぽぽは、かれても立ってすごかったです。たんぽぽってだんだんわたが出てくる。	たんぽぽってすごいなとおもいました。なぜかというと、たんぽぽのたねがまたかぜにふかれてとおくへいってそだつからです。	たんぽぽって生きるためにそんなことをしているのかな。
たんぽぽのたねが、雨にぬれるとしぼんでしまうところを見てみたいです。たんぽぽの花についている黄色い花びらのようなものは、一つ一つが花なんだとはじめてわかりました。	たんぽぽのわたは、雨にぬれるとたんぽぽのわたは、とおくにとんでいかないんだなとおもいました。2，3日たつとその花は、しぼんでだんだんくろっぽい色になるんだなとおもいました。	たんぽぽのわたは、たねをいっぱいもっててすごいなとおもいました。	たんぽぽのわた毛の先にたねがついているんだなとおもいました。たんぽぽは、1かいたおれてわた毛になるんだなとおもいました。	たんぽぽさんってすごいなどうしてかというとたねをやると生まれるからです。	わた毛のいろんなことがよくわかった。

黒板

座席表例　第1時初発の感想　毎回子どもたちにも配布した
※この実践は、前任校である東京都公立小学校で行った。

〈藤枝真奈〉

書く相手や目的，学習のゴールを明確にした学習過程

単元名：○○小「何これ？」調査隊―学校にある「何これ？」を調べて報告する文章を書く

時期：1学期　領域：書くこと　時間数：全6時間
関連教材：社会科（取材の仕方），理科（観察の仕方）

――1　深い学びを生み出す習得・活用・探究の学習過程のポイント――

①子どもの「調べて伝えたい」という思いから，相手意識・目的意識を明確にした学習課題を設定する。（探究）
②教師の例文から，取材，構成，記述の仕方を知る。（習得）
③完成した作品を読み合い，友達と感想を伝え合う。（活用）

　3年生の子どもたちは，社会科や理科，総合的な学習の時間が始まり，取材や観察の仕方など，自ら課題を見付け問題を解決する探究的な学習方法を学ぶ。そこで，国語科と他教科を関連させて学習することで，互いの学習内容を定着させることをねらった。本単元では，教師の例文を提示して，子どもたちに学校の「何これ？」と思う物を調べたいという思いをもたせる。誰に，何のために書くのかという相手意識・目的意識を明確にし，単元の終末に「完成した作品を読み合い，感想を伝え合う」という学習のゴールを設定する。このような探究→習得→活用という学習過程をとることにより，子どもの興味・関心から学習が始まり，子どもたちは教師が習得させたいことを学ぶことができる。また，単元の終末に完成した作品を活用する場を設定することで，子どもは書くことの成就感や達成感をもち，次の学習への意欲につなげることができる。

―――――2　単元のねらいと概要―――――

　毎日通う自分たちの学校には，普段馴染みのない教室がある。それらの教

室には,子どもたちは使い方や使い道を知らないが,学習したり学校生活を送ったりする上で必要な物や役立つ物がたくさんある。本単元では,そのような物を「学校の何これ?」として,その物の様子や使い方・使い道を調べて,友達と報告し合うという学習を設定する。

「何これ?」と思う物を見付け,その物の様子や使い方・使い道を友達に報告し合うことは,子どもが興味をもつ活動である。また,社会科や理科で学習したことを生かして「何これ?」と思う物の様子を調べたり,写真を撮ったり,先生方に使い方・使い道をインタビューすることに,多くの子どもたちは意欲的である。

友達も知らない「何これ?」と思う物を報告するためには,調べたことが伝わるように書かなければならない。そのため,子どもたちは,観点にそって取材すること,調べたことの中から必要な事柄を選んで構成すること,具体的な表現を使って分かりやすく書くこと,写真を活用して文章を書くことなど,教師が身に付けさせたいことを自ら学ぼうとすると考えた。

単元の終末には,完成した作品を友達と読み合い,よいところを見付けて感想カードに書き,感想を伝え合うことで,書くことの成就感や達成感をもてるようにする。

|付けたい力|
○目的に応じて,書く上で必要な事柄を集める力
○調べたことから,必要な事柄を選ぶ力
○考えた構成をもとに,読み手に伝わるように書く力

―――――― 3 主な評価規準 ――――――

○学校にある「何これ?」と思う物を見付け,報告する文章を書く上で必要な事柄を集めている。　　　　　　　　　　　　　　（書くこと　ア）
○調べたことから必要な事柄を選び,構成している。　（書くこと　イ）
○表現を工夫したり写真を活用したりして,読み手に伝わるように書いている。　　　　　　　　　　　　　　　　　　　　　　（書くこと　ウ）

4 単元のイメージ

	学習過程	
第一次（一時間）探究	学習目的の理解 学習意欲の喚起 ↓	第1時 学習の見通しをもち，学習計画を立てる。 　　　　調べたい物を決める。（課題設定）　　…① ○教師の例文を読み，書く文章や学習の見通しをもつ。 ○相手意識，目的意識を共有し，学習計画を立てる。…② ○調べたい「何これ？」と思う物を決める。 　　　○○小「何これ？」調査隊 　　「何これ？」を調べて友達に伝わるように書こう
第二次（四時間）習得	取材の方法理解 ↓	第2時 書く上で必要な事柄を集める。（取材） ○取材の仕方や取材の観点を知る。 ○調べる観点に沿って取材して，カードにメモする。 ・色，形，大きさ，さわった感じ，においなど ・よく見るとわかること ・使い方・使い道 ○写真を撮る。
	構成の方法理解 ↓	第3時 取材カードから必要な事柄を選び，構成を考える。 （構成） ○「始め」「中」「終わり」の文章構成を確認する。 ・「始め」…調べたきっかけ・理由 ・「中」…調べたこと 　中①様子，中②詳しく見た時，中③使い方・使い道 ・「終わり」…調べて思ったこと，考えたこと ○取材カードから必要な事柄を選び，まとまりに分けて構成表を作る。 ○伝えたいことに合った写真を選ぶ。
	記述の方法理解 ↓	第4時 構成表をもとに，報告文を書く。（記述） ○例文を読み，「友達に伝わるように書く」工夫を知る。 ・段落の始めは行を改める，文末表現，具体的な数など

	推敲の方法理解 ↓	○構成表をもとに，読み手に伝わるように表現を工夫したり，写真を活用したりして報告文を書く。 第5時 書いた報告文を推敲する。（推敲） ○書いた文章を読み返し，間違いを正したりよりよい表現に書き直したりする。 ○推敲をもとに，清書して作品を仕上げる。
第三次（一時間）活用	読み手からの評価 ふり返り	第6時 完成した作品を友達と読み合う。（交流） …③ ○作品を読み合う観点を知る。 ○友達の作品を読み，よいところを見付けて感想カードを書く。 ○単元全体をふり返り，学習感想を書く。

5 単元全体の学習過程のポイント

①探究につながる活動

「『何これ？』を調べて友達に伝えたい」という思いから学習を始める

　書くことの学習では，子どもたちの「書きたい」という意欲を高め，相手意識や目的意識をもたせることが大切である。本単元では，教師が「何これ？」と思った物の写真を提示して例文を読み，「学校にある『何これ？』と思う物を調べて，友達に伝えよう」と提案した。3年生から使用する図工室や理科室，普段入る機会の少ない校長室や事務室など，子どもたちにとって特別感のある場所から「何これ？」と思う物を探すことにして好奇心を高めた。これにより，子どもたちは主体的に学ぶことができる。

②習得

「友達に伝わるように書く」というめあてを意識して学習に取り組む

　書くことの学習は，取材→構成→記述→推敲という学習過程をたどる。それぞれの学習過程で友達に伝わるように書くというめあてを意識させ，子どもたちに習得させたいことを必要感がもてるようにした。

③ 活用
完成した作品を活用する機会を設ける

　本単元では，第三次に完成した作品を友達と読み合う活動を設定した。「『何これ？』の使い方や使い道が分かりました。なぜなら，〜と書いてあるからです」「様子が詳しく書けているので，『何これ？』がどんな物か分かりました。今度，〇〇室に行ったら，探してみます」など，作品を読んでの感想をもらうことで，「書いてよかった」，「ちゃんと伝わった」という成就感や達成感をもつことができ，次の書くことへの意欲につながると考える。また，友達の作品を読むことで，「〇〇さんのように書くと分かりやすい。今度は，こんなふうに書きたいな」など，友達から書き方も学ぶことができ，学習の広がりが期待できる。

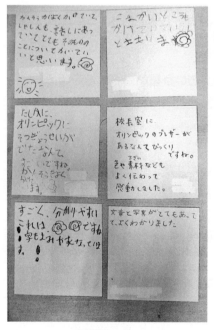

感想カード

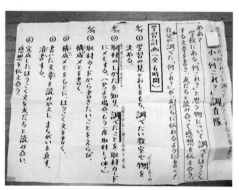

掲示用の学習過程

6 本時の流れ（3時／全6時間）

時	学習活動	指導上の留意点
5分	○前時の学習をふり返る。　　　　　　　　…❶ ○教師の例文から文章構成を確認し，本時のめあてを確認する。	子どもの取材カードを紹介して前時をふり返る。 色で囲み，段落を意識できるようにする。
	調べたことが読み手に伝わるように，必要な事柄を選んで構成表を書こう。	
10分	○例文をもとに，取材カードから構成表の書き方を知る。　　　　　　　　　　　　　…❷ ・取材カードから，必要な事柄を選ぶ。 ・中①様子，中②詳しく調べると，中③使い方・使い道に分け，構成表に書く。 ・それぞれのまとまりの中で，どのような順番にするか考える。 ・「始め」と「終わり」を書く。	例文を使い，取材カードから構成表を書く過程を示す。
17分	○取材カードをもとに，構成表を書く。	取材カードを短冊にして，構成を考えやすくする。 　　　　　　　…❸
5分	○友達と構成表を読み合う。	調べたことが伝わる構成表から助言させる。
5分	○構成表を見直す。	友達の助言をもとに，加除訂正させ

| 3分 | ○本時の学習をふり返る。 | る。自己評価と学習感想を書かせる。 |

────── 7 本時の学習過程のポイント ──────

❶ 探究につながる活動→習得

前時の学習をふり返り，本時の学習のめあてをもたせる

　前時では，調べる観点に沿って取材カードにメモをした。本時の導入では，前時に子どもが書いた取材カードを提示して，学習したことをふり返る。そして，本単元のめあて「友達に伝わるように書く」を確認する。取材カードから必要なことを選び，構成を考える必要に気付かせることで，子どもたちが本時のめあてを意識して学習する姿勢が生まれる。

❷ 習得

例文をもとに取材カードから構成表の書き方を知り，構成表を書く

　本時で習得させたい「調べたことから必要な事柄を選び，構成する力」を子どもたちが理解できるようにするために，教師の例文を使って取材カードから構成表を書く過程を実際に見せた。どんなことに気を付けながら必要な事柄を選び，構成したのか，教師の思考の流れを明示することで，子どもは本時で学ぶ力を具体的にとらえることができる。

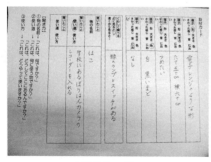

取材カード

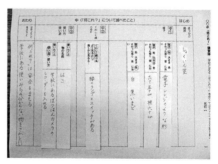

構成表

❸習得
取材カードを切り分け,構成しやすくする

取材カードを事柄ごとに切り分けて短冊にして,構成表に貼るようにする。これにより,調べたことから必要な事柄を取捨選択しやすくなるとともに,短冊を並び替えることで構成しやすくなる。

8 評価の工夫

・学習計画表と学習感想を工夫して,学習の見通しをもてるようにする

学習計画表を作成し,子どもたちが学習の見通しをもてるようにする。この学習計画表には,毎時間の学習活動を記すとともに,学習をふり返って自己評価と学習感想を書くことができるようにする。ふり返りをする際,その時間の学習のめあてを確認して,そのめあてに対して自分の学びはどうだったか,次の時間はどうしたいのかなどを書かせるようにする。

・次時の学習につなげる教師の言葉かけ

毎時間,子どもたちの自己評価や学習感想,ワークシートに目を通して,一人一人の学習状況を把握して次時の学習につなげるコメントを書く。つまずきが見られる子どもには学習の具体的なポイントを示したり,めあてが達成している子どもには主体的な学びを促すような賞賛の言葉を記したりする。

・実感としての自己評価

書くことの学習で大切なことは,自分たちが書いた作品が実際に生かされることである。本単元では,単元の終末に完成した作品を友達と読み合う場を設定する。友達に作品を読んでの感想を書いてもらうことで,相互評価を行う。その際,調べたことが伝わったか,様子は分かりやすく書けているかなど,学習のめあてに沿ってよいところを見付けて書くよう助言する。子どもたちは,友達からの感想を読み,「書いてよかった」「調べたことが友達に伝わった」という実感としての自己評価をもつことができ,書くことの成就感や達成感をもち,次の書く活動への意欲につなげることができる。

〈松村優子〉

第3学年

子どもが主体的に問題解決学習に取り組む学習過程

単元名:自分たちだけの「くらべ図かん」を作ろう

時期:1学期　領域:読むこと　時間数:全6時間
関連教材:「米と麦」(三省堂3年)

―― 1　深い学びを生み出す習得・活用・探究の学習過程のポイント ――

①子どもの「作ってみたい」から授業をはじめる。(探究)
②教材文をもとに「相手に伝わりやすい文章の書き方」を理解する。(習得)
③他の図鑑を読み,自分だけの「くらべ図鑑」にまとめる。(活用)

　3年生の子どもたちは,これまでの言語活動や各教科の学習の積み上げがあり相手に自分の考えや思いを伝えることに対する興味関心をもつことが多い。しかし,自分の思考を表現できない子どももいる。そこで,探究→習得→活用という学習過程をとることにより,子どもの興味関心に基づいた学習になるだけではなく,読む能力を身に付け,読書につなげた新たな探究にできると考えた。まず,子どもが自分で教材文を読み,どのようにまとめると相手に分かりやすい文章になるのかを理解する。次に,理解した方法を活用して書く。この過程をふんで自分の思考を表現することは,習得したことを活用することになり効果的な学習になる。教師が書き方のポイントを教えるだけではなく,友達の書いた文章や参考となる文章の中から,子どもたちが自分自身で自分の考えを分かりやすく伝える方法を学ぶ。さらに,それを活用する場面を設定することで主体的な学びになると考えた。

―――――――― 2　単元のねらいと概要 ――――――――

　本単元では,自分の好きなものを2つ,比較しながら図鑑にまとめる「く

らべ図鑑作り」という課題に，教材文「米と麦」の学習を組み込む。まず，教材文を用いた学習の中で，相手に説明するときに分かりやすく伝えるための文章構成について学ぶ。その後，他の図鑑や説明文を読み，自分の興味をもった２つのものを比べる活動につなげていく。説明的文章に対する構成の仕方を読む意欲，書くことの達成感を高めるため，自分たちの作った図鑑を図書室に置き，他学年や保護者に見てもらうという目的をもたせた。

|付けたい力|
○説明的文章の構成を理解する力
○目的に応じて，内容や情報を整理し，要約する力
○ペア学習を通して主体的に問題解決学習に取り組む力

─────────── 3　主な評価規準 ───────────

○相手に伝わりやすい文章とは，どのような書き方なのか，構成や事実と意見との関係を考えながら読もうとしている。　　　　　　（読むこと　イ）
○並行読書から目的に応じて読み取った内容や情報を整理し，要約している。
　　　　　　　　　　　　　　　　　　　　　　　　　　　　（読むこと　カ）

─────────── 4　単元のイメージ ───────────

	学習過程	第1時　課題をつかみ，学習の見通しをもつ。
第一次（一時間）探究	単元の学習目的の理解・選書　↓	○教師の作った「くらべ図鑑」を見せて，課題を共有し，学級全体で学習の計画を立てる。　　　　　　　　　　…①
		自分のすきなもの２つをくらべながら書く「くらべ図かん」を作ろう。
	教材文での文章構成の理解	○短冊を使い，文章構成の順番を考える。 ○自分の考えた文章構成を友達と発表し合う。 ○教科書を読み，本文から「相手に伝える文章としてのよさ」をノートに箇条書きする。　　　　　　　　　　　　…②

第二次（二時間）習得	対比した書き方の理解　→	第2時　教材文「米と麦」から書き方を学ぶ。　…③
		「米と麦」の文章が読みやすい理由を考えよう。
		○「はじめ，中，おわり」の流れを確認する。
		・はじめ→問題提示中→本論終わり→結論
		・最後の結論には筆者の考えを書く。
		○対比した書き方を知り，その書き方をもとにほかの文章を使って理解する。
		・例　チンパンジーとゴリラの食べ物
		チーターとライオンの狩りの仕方
		○ペアで「対比させて書いた文章」を書く。
	順序立てて説明する仕方についての理解　→	第3時　順序を説明する接続語の使い方を知る。
		○教材文から順序を表す接続語を知る。
		○文章の「はじめ」「中」「おわり」にはどんな接続語が適しているのかを考える。
		○自分たちで調べた接続語を使って，ペアで2つのものを比較した文章を書く。
		・第2時でやった時と同じような内容で行う。
第三次（三時間）活用	自分の読み物で説明文の書き方の方法を精査	第4・5時　読み物を読み，図かんを作る。
		自分の好きなものを2つ選んで，「くらべ図かん」を作ろう。
		○自分が並行読書していた本の内容をもとに「くらべ図鑑」を書く。　…④
		○内容が似ている同士でグループを作る。
		第6時　お互いの書いた「くらべ図鑑」を見合って交流する。（他者からの評価）
		○それぞれの「くらべ図鑑」を使って作品の品評会をする。（クラス全体で読み合う）
		○クラスの「くらべ図鑑」を図書室に置き，保護者，他学年に見てもらう。（第3者からの評価）

―――――― 5　単元全体の学習過程のポイント ――――――

①探究につながる活動
ゴールを示し，「やってみたい」という思いをもとに学習を始める
　子どもに興味関心をもたせることによって，学習への目的意識を高める。また，説明的文章を身近に感じるために，本学習の１週間前から図鑑や説明的文章が書かれた本を置き，興味をもって読む環境を整えた。自然と本を手に取り，友達と話す姿が見られるようになってから，「楽しそうに図鑑を読んでいたので，自分だけの図鑑を作ってみませんか」と提案をした。また，「立派なものができたら，今見ている図鑑と一緒に図書室に置こう」とも伝え，「人が読んで分かりやすい文章とは何か」という視点から，子どもたちと一緒に学習計画を立てた。さらに，教材として使った「米と麦」から，２つを比較させて図鑑作りをすることを伝え，教師の作った例示を見せた。ゴールを示すことで子どもが「自分の作品」を想像しながら，教材文を意欲的に読み込む姿が見られた。

②探究につながる活動
「人が読んで分かりやすい文章」とは何かを中心に読み始める
　第１時で実際の米と麦を見て，隣同士で特徴を伝え合わせたが，「何を伝えたいかよく分からない」という声が多かった。そこで，情報を要約しわかりやすい文章構成にするための，書き方に注目して文章を読むことにした。
　筆者が何を伝えたいかを探究し，文章の内容だけでなく，書き方に注目させることで，中心となる語や段落相互の関係を読み解くことができる。また，子ども同士で良さを共有することで，書く文章の質を高めていった。

③習得→活用
第二次の段階から活用を行い，今日の学びをアウトプットする
　第二次における教材文「米と麦」の学習で，文章が理解しやすかった理由は何かをクラスで考えた。「筆者が何を言いたいか分かる」＝「人が読んで分かりやすい文章の書き方」であるという視点から，読み取り後に文章構成を

探る時間を設けた。「文章構成がはじめ，中，終わりの三構成」であることや「接続語で，順序を追いやすい」ことなどが挙がった。その後，すぐに作者の書き方を参考に，自分の言葉でそのテクニックを使った時に，どんな文章が書けるか考えさせた。気付いたことをすぐに使わせることで，今までの自分の文章との違いを実感し，第三次に繋げるようにした。また，ペアで確認し合いながら行うことで，友達と主体的に取り組む様子が見られた。電子黒板を使っていくつかのペアが書いた文を紹介することで，子どもたちが学習のねらいを確認しながら取り組むことができた。

④ 活用
学習のまとめとして「くらべ図鑑」を作る

　自分の意見を相手に伝えやすい方法を理解していき，その間並行読書をしていた中から，自分のすきな2つの題材を選んでいった。ある程度似たものを選んだ同士でグループを作り，1人1冊「くらべ図鑑」を作った。自分と似ている題材を使っている分，お互いに友達と読み合いながら1ページずつ作っていた。単元を通して読みの力を活かして説明的文章の構造をとらえ，いろいろな文章を読むことへの意欲づけにもしていきたい。

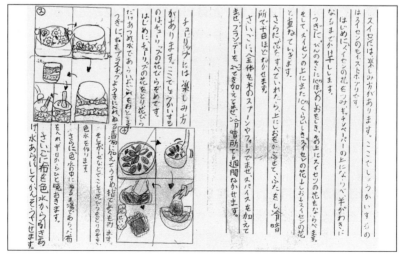

スイセンとチューリップのくらべ図かん

6 本時の流れ（3時／全6時間）

時	学習活動	指導上の留意点
5分	○前時で見つけた書き方のよさを確認する。 ○本時のめあてを確認する。 順番をわかりやすく説明するときに大切なことを考えよう。	
10分	○本文の順序を示しながら書いている部分を探し，音読をする。　…❶ ○自分の注目した言葉に赤鉛筆でサイドラインを引く。 ○ペアでどの部分に引いたのかを伝え合う。	問いを意識させる。
10分	○教科書に書かれている接続語を使ってゲームのやり方を順序立てて説明する。 ・たたいてかぶってじゃんけんポン ・あっちむいてホイ　…❷	プリントを使う。 2パターン準備 ①実線のみ ②キーワードの穴うめ
17分	○順序立てる接続語活用し，ペアで対比させた文章を書く。	事例をあらかじめ教師でしぼって決めておく。 よくできているペアを見つけて発表させる。　…❸ 接続語を意識させる。
3分	○本時の学習をふり返る。	

7　本時の学習過程のポイント

❶ 探究につながる活動→習得
順序立てて説明をする時の，接続語の重要性を理解する

　前時までに説明的文章の段落相互の関係や，文章構成については学習をしてきた。その中で，自分たちが書いた文章量が多くなる時に，読んでいる人が理解しづらいという点が問題になった。そこで，本時では長い文章で説明をしている時にはどんなことに気を付けて説明しているのか，教材文を使って検証するところから始まる。そして，どのようなことに気を付けて文章を書くと分かりやすいか考えを出し合った。さらに，ペアでどのような場面でどんな接続語を使うか，段落相互の関係から話し合った。

❷ 習得→活用
本時の接続語や前時までに学んだ文章構成を活かして，活用する

　順序を表す接続語を，簡単な例文で練習することで，接続語が付く時に文章の流れが分かりやすくなることを確認した。「あっちむいてホイ」のような，子どもたちに身近な遊びのやり方を順序立てて説明させた。ある程度理解が定着したら，今度はペアで実際に並行読書の中の本を活用して，接続語を使いながら説明文を書いた。それぞれのペアの書いた文章をクラス全体で読むことは，教師の作った例示を読むのではなく，友達の文章を読むことになり，子どもたち同士の学び合いとなる。本時で学んだ接続語の活用も自分で長い文書を要約し，自分の言葉でまとめていくために重要である。

❸ 習得
ペア学習中には，よくできているペアの書き方を全体で確認する

　教科書教材を使って書き方を確認したり，ペアでお互いに相談しながら説明的文章の書き方を確認したりしても，書き方を活用して自分の文章が書けない時がある。そこで，第2〜3時では書き方の活用をしている途中に，よきモデルとなるペアの文章を提示し，どのように書いているのかを説明させることとした。その後全体でよさを確認して学びの共有をした。

いくつかのペアを発表することで，自分の書いた内容と比較することができるようになり，自分の書いた文章のよい点と悪い点を自分たちで判断することができるようになる。文章を書くことが苦手な子どもに対しては，書き方のポイントが分かりやすく，自分の力
で書き上げるための参考となるのことができるので効果的である。この取組は本単元だけでなく，どのような教科でも継続的に行うことで，子どもが自然と話し合う姿勢を身に付けさせていきたい。

8　評価の工夫

・学習感想には学びの過程を記述させる

　授業の終末には学習感想を書かせ，自己評価をさせる。こうしたふり返りの活動を通して，１時間ごとの学習の蓄積をねらう。子ども自身が自分の学びを再認識するのに有効な学習感想である。授業ごとに学習内容や交流活動，説明的文章の構成についての理解を自分の言葉でまとめることで次の学習につながる。

〈子どものふり返り例〉

・「米と麦」の育ち方のちがいでは，麦の方が食べるまでの流れが大へんな気がした。米とくらべたときにかり取りまでの流れはだいたい同じだけど，かり取ってからこなにするまでの作業が麦の方が多くて大へんに見えた。
・文章が長いときには接続語を使うだけで，文章が読みやすくなった。そのため，米と麦の食べられるようにするまでの流れを比かくしながら読めた。

・評価を指導につなげる教師の言葉かけ

　大切なのは教師がゴールから授業を逆算した時にこの１時間の授業からどんなことを学ばせようとしているかである。また，教師主体で授業を進めるのではなく，ペアや全体の話し合いの中で子どもたちの理解を高めることで，学びに向う力や学び合う力も育てたい。　　　　　　　　　　　〈小田健太〉

虚構空間での体験を通した「気付き」「学び」「活用」のある学習過程

単元名：コミュニケーションについて考えよう

時期：1学期　領域：話すこと・聞くこと　時間数：全4時間
関連教材：「よりよい話し合いをしよう」（光村図書4年上）

―― 1　深い学びを生み出す習得・活用・探究の学習過程のポイント ――

①虚構空間の中で体験をし，その体験から感じたことを言葉にすることから学習を始める。（探究）
②自分が考えたことを虚構空間の中で試してみる。（活用）
③実際の話し合いの場において実践する。（習得）

　教科書教材では，教材「よりよい話し合いをしよう」とコラム「話す言葉は同じでも」の2教材によって構成されている。本単元では，コラム「話す言葉は同じでも」に指導の重きを置いた学習過程を提案する。このコラムでは，言葉だけではなく，その言葉以外の要素である非言語コミュニケーションもコミュニケーションに大きな影響を与えていると書かれている。具体的には「視線」「声の抑揚」「表情」「間」が挙げられている。従来からよく用いられる「学習目標から後戻りする方法」で学習するならば，これらのことをスキルとして提示して，それを習得する学習過程を組む。しかし，本単元では，虚構空間の中で実際に体験をし，その体験から感じたことを交流しながら非言語コミュニケーションについての考えを深めていくことを考えた。

　この時間を「活用」とする。子どもたちに，第一次の授業で「ちょっと試してみたい」という思いが生まれているように指導していきたい。また虚構なので子どもたちは失敗を恐れず挑戦できる。ふり返りで相手の感じたことを情報として受け取り，自分の中にある非言語コミュニケーションに関する知識や感覚を深めていけるようにしたい。第二次での授業では，具体的に自

分が考えたことを試してみる場として虚構空間を再度用意し，その中で試してみる時間をつくる。そして最終的に，第三次の授業の実の話し合いの場において「習得」を目指す。

--- **2　単元のねらいと概要** ---

　本単元のねらいは，非言語コミュニケーションについての考えを深めることである。その材料として「視線」「声の抑揚」「表情」「間」を扱う。体験して気付いたことや感想を出し合うことを本単元の学習の出発点とする。子どもたちがすでにもっているコミュニケーションへの考えを揺さぶり，非言語コミュニケーションについての考えを深めていく。

|付けたい力|
〇視線，言葉の抑揚，表情，間の取り方に注意して話す力

--- **3　主な評価規準** ---

〇よりよいコミュニケーションについて考えようとしている。

(関心・意欲・態度)

〇同じ言葉でも，言い方や表情で相手の受け止め方が違うことを理解し，人間関係を円滑にする言葉や話し方や聞き方について考えることができる。

(話すこと・聞くこと　ウ)

--- **4　単元のイメージ** ---

第一次(一時間)探究	学習過程	第1時　体験をして，感じたことを言葉にする。
		コミュニケーションについて考えよう。
	学習の見通し ↓ 体験 ↓	〇他者とのコミュニケーションにおいて大切だと思うことを出し合う。 〇教師が示した設定のもと３つのワークを体験する。…① 　・「視線」コミュニケーションのワーク 　・「声の抑揚」「表情」コミュニケーションのワーク

	ふり返り ↓	・「間」コミュニケーションのワーク 〇それぞれのワークを体験後にふり返りをし，学級で共有する。　　　　　　　　　　　　　　　　　…② 〇「視線」「声の抑揚」「表情」「間」の４つの視点についてのコミュニケーションの効果について考える。
第二次（一時間）活用	試す ↓	第2時　前時で学んだことや考えたことを試してみる。 　　　　　　　　　　　　　　　　　　　　　…③ 〇「視線」について考えたよりよいコミュニケーションについて試してみる。 〇「声の抑揚」「表情」について考えたよりよいコミュニケーションについて試してみる。 〇「間」について考えたよりよいコミュニケーションについて試してみる。
	ふり返り ↓	〇非言語コミュニケーションの視点でふり返りをする。
第三次（二時間）習得	実の話し合いの場で使う ↓	第3・4時　「雨の日の休み時間の過ごし方」について話し合う。　　　　　　　　　　　　　　　　　　…④ 〇話題について自分の考えをもち，グループで話し合い，その後に学級全体で話し合う。 ・グループでの話し合いにおいて非言語コミュニケーションを実践する。 ・学級全体での話し合いにおいて非言語コミュニケーションを実践する。
	ふり返り	〇非言語コミュニケーションの視点でふり返りをする。

────── **5　単元全体の学習過程のポイント** ──────

① 探究につながる活動

まずは体験してみる

　「体験」が本学習の入り口である。その「体験」の中で「違和感を覚える」ことで，日常的に行っているコミュニケーション活動を立ち止まって見つめ

る時間としたい。「違和感を覚える」体験は探究心に火をつけることができる。「探究」とは「学習」そのものである。つまり，「活用」や「習得」の学習過程においても，子ども一人一人の中に「探究」の姿勢がなければ，主体的な学習は成立しない。

　話を聞く時に相手を見た方がいいことくらい4年生にもなれば「頭」では分かっている。だからこそ「相手を見ないけども相手の話はしっかり聞く」という日常生活ではしてはいけないと「頭」が知っていることを意識的に体験するのである。その体験を通して，話し手と聞き手がそれぞれ気付いたことを交流しながら非言語コミュニケーションについて子ども一人一人の考えを深めていく。

②探究につながる活動
体験して感じたことを出し合う
　「視線」「声の抑揚」「表情」「間」のワークを通して気付いたことや感想を出し合う。ここでは議論したりまとめたりはしない。他者の意見はその人がそう感じた情報である。教師は，それを板書していく。他者の話を聞いて，自分の感じ方と比べながら非言語コミュニケーションについての考えを深めていく。

③活用
自分が考えたことを試してみるという活用
　「探究」の第1時において，「視線」「声の抑揚」「表情」「間」について考えた。自分が感じたことや考えたことは試してみることで思考がさらに深まる。そして，その場は，子どもたちにとって失敗ができる安全な場でなければいけない。そして，その安全な場をつくる責務は教師にある。このことを踏まえて，「活用」の第2時では，まずは前時のふり返りから学習を始める。「視線」「声の抑揚」「表情」「間」それぞれについてよりよいコミュニケーションについてふり返る。その後に教師が虚構の場を設定し，子どもたちは実際に試してみる。試した後は，一緒に活動した相手とのふり返りの時間を設け，感じたことを交流し合う。また，数名の子どもが前に出て，みんなでそ

れを見合い，途中でストップをかけながら見ている側で意見や感想を交流する時間を設定する。

④ 習得

活用しながら習得する話し合いの実の場

習得の場として，「雨の日の休み時間の過ごし方」について話し合うという実の場を設定する。話し合いの流れは，グループから学級全体へとする。グループと学級全体というそれぞれの場で，前時までに学んだ非言語コミュニケーションについて実践してみる。そして，学習のふり返りをすることで日常や他教科での話し合いなどによる言語活動につなげていく。

6 本時の流れ（1時／全4時間）

時	学習活動	指導上の留意点
5分	○身近なこと（今朝の学級レクなど）について2人で交流する。 ○本時の学習について確認する。 コミュニケーションについて考えよう。 ○人とコミュニケーションをとる時に大切だと思うことを学級で交流する。	机や椅子のない場をつくる。子どもたちは教室を自由に歩き，教師の合図で2人組を作る。 先ほどの交流を材料に，日常のコミュニケーションについてふり返る。
10分	○「視線」コミュニケーションのワークをする。　…❶ ・2人組になり，聞き手が視線を合わせないパターンと合わせるパターンの交流をする。 ・話し手は，好きな○○について熱弁し，聞き	子どもたちは再び教室を自由に歩き，教師の合図で2人組を作る。 「視線」は合わせ

		手はそれを受け入れるという設定とする。 ・ふり返りをする。	ないパターンでも，聞き手は相手の話をよく聞くようにする。
10分		○「声の抑揚」「表情」コミュニケーションのワークをする。 ・2人組になり，聞き手の反応に「声の抑揚」「表情」のないパターンとあるパターンの交流をする。 ・話し手は，相手がほしかったプレゼントをあげ，それをもらう聞き手は喜ぶという設定とする。 ・ふり返りをする。	子どもたちは再び教室を自由に歩き，教師の合図で2人組を作る。 「声の抑揚」「表情」のないパターンでも聞き手は相手の話をよく聞き，言葉で反応するようにする。
10分		○「間」コミュニケーションのワークをする。 ・2人組になり，聞き手の反応に「間」のないパターンとあるパターンの交流をする。 ・話し手は，放課後に遊ぼうと声をかけ，聞き手はそれを了承するという設定とする。 ・ふり返りをする。	子どもたちは再び教室を自由に歩き，教師の合図で2人組を作る。 聞き手は「間」以外の反応は変えないようにする。
10分		○本時の学習のふり返りをする。　　　…❷	次時の学習内容を確認する。

7　本時の学習過程のポイント

❶ 体験から探究へ
体験してみて，感じたことを話す

　この「体験」は１つの実験である。そのため，理科の実験と同じように条件を制御することが大切である。つまり，「視線」コミュニケーションについて実験する時には，それ以外のことは，子どもたちがよいと考えるコミュニケーション，例えば，うなずくことであったり言葉で応答したりすることは実施することである。そうすることで，子どもたちは「視線」だけについて考え，学習の焦点化ができる。

　虚構空間で行う理由は子どもたちの「安全性」の確保のためである。日常の人間関係を切り離し，全体を通して，１つのゲームのように進行していく。本単元では，「好きな○○について熱弁する」「相手がほしかったプレゼントをあげ，もらったほうは喜ぶ」「放課後に遊ぼうと声をかけ，相手はそれを了承する」という３つの設定を提示している。すべてにおいて聞き手は受け入れることをルールとして課している。相手の意見を否定しないということである。

　同時に話し手も聞き手の要望を受け入れるようにする。例えば，「相手がほしかったプレゼントをあげ，もらったほうは喜ぶ」という設定では，事前にほしいプレゼントを相手に聞く。相手が「火星」と言ったら，それを受け入れて「火星」をプレゼントしてあげる。ここで重要なのは内容ではなく，非言語コミュニケーションがどのように作用するかを実験することである。

❷ 探究から活用へ
探究を成立させることで活用してみたいという欲求が生まれる

　最後に，本時で扱った非言語コミュニケーションである「視線」「声の抑揚」「表情」「間」についてのふり返りを行う。このふり返りを書く前に，次時に活用の場を設定していることを伝えることで，子どもの「試してみたい」という探究心が生まれる。

8 評価の工夫

・ふり返りシートには，ふり返りの視点を示し，具体的に記述させる

　本時の最後に記入するふり返りシートには，「視線」「声の抑揚」「表情」「間」それぞれの視点でふり返るようにする。子どもたちが書いたふり返りには肯定的にとらえて教師がコメントを書き，次時の始めにふり返りシートを返却する。

〈子どものふり返り例〉

・特に大切だと思ったのは「表情」です。表情を明るくしたり暗くしたりすると，相手のしゃべっている人の気持ちが変わっていきます。表情が明るい時は気持ちも明るくなり楽しくなります。だけど，暗い表情をしていると，もうしゃべらないほうがいいと思ったりして声が小さくなってしまいます。人の話を聞いている時は表情を明るくするといいと思います。

・「間」がある方は，どうしようと考えているなと思いました。ない方は，用事もなくていっしょに遊びたい気持ちがあるなと思いました。

・次回やる時は，人はどんなことをされたらいやな気持ちになるのかもっと知りたいです。

〈神永裕昭〉

メタ認知を生かした探究から始める学習過程

単元名：サイエンスワールドへようこそ―情報を整理し，要約して発信しよう

時期：3学期　領域：読むこと　時間数：全12時間
関連教材：「ウナギのなぞを追って」（光村図書4年下）

―1　深い学びを生み出す習得・活用・探究の学習過程のポイント―

①子どもの「知りたい」から授業をはじめる。（探究）
②教材文から問いを立て要約する。（習得）
③他の科学読み物を読み，展示パネルにまとめる。（活用）

　4年生の子どもたちは，これまでの体験や各教科の学習の積み上げから科学の不思議に対する興味関心をもち始める。しかし，その興味関心が科学読み物を読むという行動につながっていない実態がある。そこで探究→習得→活用という学習過程をとることにより，子どもの興味関心に基づいて，読む能力を身に付けるだけでなく，さらに新たな探究を生み出す読書活動につなげることができると考えた。その際，子どもが見つけた読みの方略を記録し活用しながら学習を進めることは，メタ認知的な思考につながる効果的な学習のポイントとなる。教師が一方的に学習過程を示すのではなく，子どもの思考の流れを大事にしながら学習していくことで，学習の見通しをもつことができ，実の場に即した主体的な学びが実現できる。

―――――――2　単元のねらいと概要―――――――

　本単元では，「サイエンスワールドをつくる」という課題に，教材文「ウナギのなぞを追って」の学習を埋め込む。教材文を用いた学習の中で，問いをもとに情報を整理し要約することについて学び，その後，その力を活用して他の科学読み物を読み，展示パネルにまとめるという活動につなげていく。

サイエンスワールドの完成という充実感とともに，科学読み物に対する興味関心や読書意欲の高まりを目指す。

|付けたい力|
○目的に応じて，事実と意見との関係を読み取る力
○目的に応じて，内容や情報を整理し，要約する力
○自分の読みの方略についてメタ認知的にとらえる力

──────── 3　主な評価規準 ────────

○なぞを解き明かしていく科学的な考え方，筆者のものの見方を手がかりに，科学読み物を進んで読もうとしている。　　　　　（読むこと　オ）
○事実と意見との関係を考えながら読み取り，目的に応じて内容や情報を整理し，要約している。　　　　　　　　　　　　　（読むこと　イエ）

──────── 4　単元のイメージ ────────

第一次（二時間）探究

学習過程
単元の学習目的の理解・選書
↓

第1時　課題をつかみ，学習の見通しをもつ。
○読書傾向のアンケート結果を紹介したり，社会科見学での学びを想起したりしながら，科学読み物に対する興味関心をもつ。
○「サイエンスワールドをつくる」という課題を共有し，学級全体で学習の計画を立てる。　　　　　…①

　科学のなぞにせまる展示パネルをつくって発信しよう
　　　　「サイエンスワールドへようこそ」

・情報を盛りだくさんにしたいから，科学読み物を読もう。
・情報をまとめたいけれど，どうやってまとめるのだろう。
○興味のある分野について，自分の「問い」をもつ。…②
・どうしてゾウの鼻は長いのか。
・バイカルアザラシはどのように進化したのか。
○「問い」に関する本を選び，読み始める。（課外）

第二次（六時間）習得	読む目的の理解	第2時 教材文と出会い，読むことの学習計画を立てる。 ○教材文「ウナギのなぞを追って」を読み，感想を発表し合う。 ○科学読み物の読み方，要約の方法について学ぶ必要性に気付かせ，学習計画を立てる。
	要約の方法理解 ↓	第3～6時 教材文「ウナギのなぞを追って」を読む。 自分の「問い」にそって，情報を読み取り，要約し，グループで1枚のシートにまとめよう。 ○全体で文章構成や内容を確認する。 ○読みの「問い」を立てる。 　例：ウナギはどこで生まれ，どんな一生を送るか。 　　　産卵場所はどのような調査で明らかになったか。 　　　筆者はどのような思いで研究を続けているのか。 ○「問い」にそって情報を読み取る。
	教材文での 要約の方法精査 ↓	○要約し，カードに150字程度でまとめる。 第7・8時 要約文を読み合う。 ○違う「問い」の友達とグループを作り，それぞれの要約カードをもちよって1枚のシートにまとめる。 ○グループごとに，読み合う。
第三次（四時間）活用	自分読み物での 要約の方法精査 ↓	第9～11時 他の科学読み物を読む。　　　　　　…③ 自分の「問い」にそって，情報を読み取り，要約し，グループで展示パネルにまとめよう。 ○第1時に立てた「問い」に関する科学読み物を読む。 ○同じ分野に興味がある友達とグループを作る。 ○読み取った情報をもとに要約文を書く。 ○グループごとに要約文を集めて，展示パネルにまとめる。
	他者からの評価 ふり返り	第12時 展示パネルを教室に掲示し，読み合う。（他者からの評価）　　　　　　　　　　　　　　　　…④ ○展示パネルを教室に掲示し，サイエンスワールドを開く。 ○クラス全体で読み合う。

5 単元全体の学習過程のポイント

①探究につながる活動
「やりたい」「知りたい」をもとに学習を立ち上げる

　学習への課題意識，目的意識を明確にもたせるためには，子どもの声を取り上げたり，課題となる実態を示したりすると効果的である。本単元では，社会科見学で科学未来館へ行き，ますます科学に興味をもった子どもたちに「サイエンスワールドを教室につくろう」と提案した。また，事前のアンケート調査で明らかになった読書傾向を示し，科学読み物を読み，情報を集めるよう促した。このようなやりとりの中で子どもたちからは「分かりやすい展示パネルをつくりたい」「科学読み物は読んだことがないけれど読めるようになりたい」などの声が出された。こうした声を取り上げ，課題や目的を明確化，共有化しながら学習を立ち上げていくことで，さらに主体的な学びが生まれ，広がりをもった学習を展開することができる。

②探究につながる活動
第1時に「問い」を立て，科学読み物を読み始める

　科学読み物の読み方の1つに，目的に応じて選書し，必要な情報を読み取るということがある。そこで，第1時に「不思議だな」と思っていることを「問い」として立て，関連する図書を読むという読書活動について紹介した。第1時にこうした読書活動を始めることで，第二次における「問い」「情報の読み取り」「要約」の学習がより実感をともなったものになるとともに，学習を通して，さらに読書の幅を広げたり質を深めたりしていくことができる。その際，関連する図書や資料は教室に用意し，いつでも手に取り，友達と共有できるようにする。また，子どもの「問い」の深まりに合わせて，図書資料の量や質を上げていくとより効果的である。

③習得→活用
第二次の学びの過程を第三次につなげ，見通しをもたせて主体的な活動を促す

第二次における教材文「ウナギのなぞを追って」の学習を次のように進めた。「各自の問い→読み取り→要約→もちよって１枚にまとめる→読み合う」教師の一方的な指導にならないように，交流の時間を設けたり，早く終わった子どもに説明させたりして，子どもたちの言葉でポイントに気付かせ，学びを蓄積していくことが重要である。

　第三次では同様に他の科学読み物を読んで展示パネルを作成する学習を行う。同じ過程をとることで，学習の見通しをもつことができ，工夫を加えながら取り組める。また，学びの蓄積を活かして読み取りを進めることができ，全員に主体的な活動を促す上でも効果的である。

④ 活用
学びの集大成としてサイエンスワールドをつくる

　本単元では似ている問いをもつ友達と協力して，展示パネルを作ることとした。グループごとに，内容についてだけでなく，情報の読み取り，要約についても意見を言い合いながら進める姿が見られた。展示パネルを教室に掲示し，サイエンスワールドを完成させた。このように，単元を通して付けた読みの力を総動員して「やりたい」「知りたい」思いを形にしていく学習の積み重ねが新たな読書活動を生み出すものと期待する。

 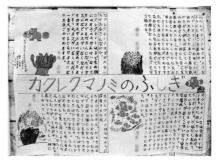

子どもが作成した展示パネル

6 本時の流れ（5時／全12時間）

時	学習活動	指導上の留意点
5分	○単元の流れを想起させ，どのように読めばよいか考えを出し合う。　…❶ ○本時のめあてを確認する。	
	問いにそって，情報を整理しながら読み取り，要約しよう。	
10分	○本文を微音読する。 ○「読みの手がかり」をもとに，本文に書き込みをしながら，必要な情報を読み取る。	問いを意識させる。 前時までの学びを「読みの手がかり」としてまとめておく。　…❷
10分 ↓ 10分	○読み取った情報をもとに要約し，カードにまとめる。（要約文は150字程度とする） ○個人の学習を一度停止し，全体で要約の仕方を確認し，要約のポイントをまとめる。	子どもに要約の仕方を説明させる。 　…❸
7分	○自分の要約文を加除訂正する	要約のポイントを意識させる。
3分	○本時の学習をふり返る。	

7 本時の学習過程のポイント

❶ 探究→習得

単元の流れを想起させ，本時の学習の見通しをもたせる

　本時は，「問い」にそって情報の読み取りをしていくのだが，その前に，もう一度単元の流れを想起させ，本時の学習の必然性を子どもにもたせるところから始めた。そしてどのようなことに気を付けて読むと情報が読み取れるか，考えを出し合った。見通しをもたせることで，手がかりを見出し，進んで読もうとする姿勢が生まれる。

❷ 習得・活用
前時までの学びを「読みの手がかり」としてまとめ，活用する

　授業の中で，読みのポイントとして見つけたことを「読みの手がかり」としてまとめ，学びの蓄積として共有した。その際に留意したいのが，子どもの課題や言葉からボトムアップ的にまとめていくということである。教師が与えるのではなく，実際に読んで見つけた読みの方略を自分の言葉でまとめていくことが重要である。そうすることで，目的に即して考えるという思考や読み方について考えるというメタ認知的な思考が発揮され，学びが深まるのである。

【説明文を読む】
① 問いをもつ
② 情報を整理して読む

【科学読み物とは】
研究者が調査研究して得たことをもとにまとめたもの
・調査対象の説明
・調査の目的・方法

【科学読み物を読む】
・繰り返しの言葉
・時間・場所
・仮説・予想

【「問い」を立てるとき】
◇研究対象に注目する
◇研究の過程に注目する

子どもが見つけた読みの手がかり

❸ 習得
個人の学習を一時停止し，要約の仕方を全体で確認する

　本文への書き込みをしたり，「読みの手がかり」を活用したりしても，読み取りや要約が進まない場合もある。そこで，読み取りの途中で一時停止し，子ども数名にどのように要約をしたか説明させることとした。その後，全体でどこがよかったか出し合い，要約のポイントとしてまとめた。

・「ウナギはいつ，どこで，たまごを生むのか」という問いのAさんの発言
　「場所を表す言葉，体の大きさ，海流などを手がかりに，地図を頭に入れて場所を確認しながら要約しています」
・「どのような調査によってなぞが解明されたか」という問いのBさんの発言
　「主語が筆者は〜という文，筆者の考えが表れている文末表現に着目して，

予想→調査→結果→考察という科学的思考にそって要約しています」
　読み取りの過程を説明させることで，読みを客観的にとらえることができるようになり，読み取りや要約の仕方をメタ認知する力につながる。また，苦手な子どもにとっては，友達の具体的な言葉が手がかりとなり，同じ過程をたどって読みを進めることができるので効果的である。

8　評価の工夫

・学習感想には学びの過程を記述させる

　授業や単元の終末には学習感想を書かせ，自己評価をさせる。その際には，展示パネルやサイエンスワールドを作成した結果に対する感想だけでなく，学びの過程に着目させることが重要である。科学読み物を読むこと，情報の読み取り，要約，交流活動など，一連の学習を通して学んだことを自分の言葉でメタ認知的にまとめることが，次の学習の学びにつながる。

〈子どものふり返り例〉

・ぼくたちが食べているウナギはすごい旅をして日本にきていることが分かった。友達の要約には，塚本さんが30年以上も研究を続けてきた歴史が書いてあって，その情熱にも感動した。

・いろいろな観点から見るとおもしろいことが分かった。これからもいろいろな問いをもって，読み物を読みたい。

・評価を指導につなげる教師の言葉かけ

　大切なのは教師がこの学習で何を学ばせようとしているかであり，評価を指導につなげることである。学習中に積極的に教室を回り，「筆者の考えが書いてある文を探そう」「調査→結果→考察を読もう」など，読みのポイントを示したり，「『読みの手がかり』を見てみよう」「友達の説明を聞いてみよう」など，自力解決にむけた過程を示す言葉かけをしたりすることが，主体的な学びを促す際には有効である。

〈大村幸子〉

実の場における探究のために
協同的に話し合う学習過程

単元名：みんなのワークスペースをつくろう―自分たちのアイデアを校長先生に提案しよう

時期：2学期　領域：話すこと・聞くこと　時間数：全7時間
関連教材：「明日をつくるわたしたち」（光村図書5年）

――1　深い学びを生み出す習得・活用・探究の学習過程のポイント――

①子どもたちの実生活に結びついた話題で話し合う。（探究）
②子どもたちにとって必要感のある場面で話し合い方を指導する。（習得）
③読むことの学習や，これまでの話すこと・聞くことの学習での学びを総合的に活用させる場面を設ける。（活用）

　話し合い方を教師が一方的に提示して習得させようとしても，なかなか子どもたちのものになっていかない。その原因の1つに，必要とされる話し合う力は場や状況によって異なるということがある。そこで，本実践では，子どもたちが実生活の改善に挑むといった探究的な学習の中で，子どもたちにとって必然性のあるタイミングで話し合い方を指導する。また，新しく指導する内容と，これまでの学習を喚起させ活用させる内容とを区別して指導することで，深い学びを目指した。

―――――――― 2　単元のねらいと概要 ――――――――

　本校では，物置となっていた広場に6人用のテーブルセットを置き，「ワークスペース」として自由に使える環境をつくった。しかし，ほとんど使用されないまま半年が経過した。子どもたちに利用した経験を聞いたところ，教師が指示した際に作業場として利用したことがある程度で，ほとんど利用したことがないといった状況であった。そこで，「有効な活用方法を考えて，校長先生に提案しよう」と提起し，学習を立ち上げた。よりよい提案内容を

グループで考える中で，話し合う力を育てることをねらうこととした。
|付けたい力|
○協同で話し合うことにより，よりよい考えに至ろうとする態度
○根拠を明らかにしながら話し合ったり，提案したりする力
○目的に応じて複数の視点から比較しながら話し合う力

───────── 3　主な評価規準 ─────────

○アンケート調査によって集めた人々の声を根拠に用いながら，話し合ったり，考えを提案したりしている。　　　　　　（話すこと・聞くこと　イ）
○出されたアイデアについて，複数の視点から比較して選択しながら話し合っている。　　　　　　　　　　　　　　（話すこと・聞くこと　オ）

───────── 4　単元のイメージ ─────────

	学習過程	
第一次（二時間）探究・活用	単元の学習目的の理解と課題設定	第1時　課題をつかみ，学習の見通しをもつ。 ○ワークスペースを利用した経験を発表し合いながら，問題意識をもつ。 ○住民参加の公園づくりの実例を参考に，学習の計画を立てる。　　　　　　　　　　　　　　　　　　　　　…① いろいろな人の声を生かしてワークスペースの活用方法を考え，校長先生に提案しよう！
	根拠となる情報の収集	第2時　アンケートの内容を考える。 ○みんなの願いを生かし，説得力のある提案にするにはどうすればよいか学級全体で考える。 ・説明文で学習した「根拠」を生かせないか。　　…② ○いろいろな人の声を引き出すために，アンケート調査の内容を考える。
第二次	話し合い①：テーマを決める ↓	第3時　テーマについて話し合う。 ○アンケート調査をもとに，ワークスペースのテーマをグループごとに話し合って決める。

（三時間）探究・習得	自分の意見をもち，互いに聞き合う ↓ 話し合い②：置く物を決める ↓	第4時 テーマに関するアイデアを聞き合う。 ○テーマに合わせて，どんな物を置けばよいか自分の考えを付箋紙に書く。 ○互いの考えを聞き合い，ワークスペースの写真に貼っていく。　　　　　　　　　　　　　　　　…③ 第5時 テーマを実現する方法を話し合う。 ○よりよい提案となるよう，ワークスペースに置く物を話し合って決める。
第三次（二時間）活用	発表準備・練習 ↓ 発表 ふり返り	第6時 プレゼン発表の準備をする。 ○校長先生への発表原稿をグループごとに作成する。…④ 第7時 プレゼン発表で校長先生に提案する。 ○校長先生を教室に招き，自分たちの考えた活用方法を提案する。 ○単元全体の学習をふり返る。

実際に校長先生に提案している様子

5　単元全体の学習過程のポイント

①探究につながる活動

子どもたちの「やってみよう！」という思いから学習を立ち上げる

　ワークスペースに対して，子どもたちの意識や使った経験をどんどん出させた。すると，子どもたちは，いろいろなことができそうという可能性を感

じている一方で、問題（日が当たり過ぎる、誰が使ってよいか不明など）も感じていることが分かった。「どうにか改善策を考えられないかな」と投げかけたが、一部には響いたものの、半数近くは難しそうだと感じた様子であった。そこで、世田谷区が住民参加型の公園づくりを展開してきた実例を画像と共にそのプロセスを紹介した。子どもたちの問題意識と、実例の資料によるプロセスの明確化により、当初はしりごみをしていた子どもたちも「みんなのためになるワークスペースにするにはどうしたらよいか」といった探究に向けて意欲を高めていた様子であった。

② 活用

既習の学びを喚起し、積極的に活用させる

　話し合いは、総合的な言葉の力が求められる。そのため、話し合いの指導場面だけで、その話し合いで必要とされる力を全て付けようとすると、時間がかかるばかりで、むしろ子どもたちの意欲は低下してしまう。そこで、これまでの話し合いで学習した内容や、読むことなど他領域で学習した内容と有機的に関連付けることが重要である。この学級では、本単元の前に、説明的文章「天気を予想する」を読む学習で、「根拠」の効果について学んでいる。そこで、「校長先生が納得するような、説得力のある発表にするにはどうしたらよいだろう」と発問したところ、子どもたちから「根拠」を明らかにすることが出された。さらに、これまでも学級会などで用いてきた「アンケート」を実施し、その集計結果を根拠として用いればよいというアイデアが出された。意図的な学びの積み重ねと、それを喚起する発問が大切である。

③ 探究につながる活動

グループごとにテーマを決め、実現に向けたアイテムを考える

　他の利用学年にアンケートを依頼し、その集計結果をもとにテーマをグループごとに話し合った。公共のスペースであるということを意識さ

付箋紙を貼った写真の例

せたことで，みんながどういう願いをもっているのかを生かして，よりよい活用方法を考えようという探究的な学びが展開された。テーマが決まったら，次はテーマを実現するための手立てとして，ワークスペースに設置する物をどうするかにしぼって考えるようにした。例えば，「ゆったり過ごせるスペース」というテーマにしたグループの子は，クッションやオルゴールを置くといったアイデアを書いていた。その際，付箋紙の表面にアイデアを，裏面にその理由を書き，ワークスペースの写真に貼っていった。

アイデアを書いた付箋紙の例

ホワイトボード 表面
内容を記録しながら話し合えば，スムーズに解決するし，みんなで確認できるから 裏面

④ 活用
提案の根拠を明らかにしながら，校長先生にプレゼン発表をする

前単元の説明的文章で学習した根拠を明らかにして説得する方法を生かして，校長先生への提案原稿を書いた。話し合いの中で検討してきたため，なぜそれが必要なのか，優先順位はどうか，をどの子もきちんとつかんでいる様子であった。本単元は，話し合いを中心とした学習としたため，スピーチ単元のようには発表の仕方を細かく指導してはいない。けれども，説明の仕方（＝根拠を明らかにする）についても，発表内容（＝話し合った内容）についても，それまでの学習を活用して取り組むことができていた。

6　本時の流れ（5時／全7時間）

時	学習活動	指導上の留意点
5分	○前時の学習をふり返り，本時のめあてを確認する。	
	テーマに合わせて，ワークスペースに置く物を話し合って決める。	
5分	○どのように話し合う計画か，発表する。…❶	
10分	○計画に沿って，たくさん出てきたアイデアを5つ程度にしぼるために話し合う。…❷	話し合いを進められるようグループ

5分	○話し合いを一度ストップし，表を使って複数の視点で比較する話し合い方を理解する。…❸ ・話し合いが止まっているグループを紹介する。 ・教師が提示するシミュレーションを用いて，実際に学級全体で話し合ってみる。 ・めあてに「2つ以上の視点で比べながら」を加える。	ごとに助言するとともに，どちらがいいか決めあぐねているグループをチェックしておき，全体指導の際に紹介する。
10分	○表を使いながら，複数の視点で比較しながら話し合う。	
5分	○板書を見ながら，本時の学習内容を確認する。	
5分	○グループや個人で，今日の話し合いのポイントは何だったかふり返る。	

7　本時の学習過程のポイント

❶ 探究につながる活動
話し合いをどう展開したらよいか話し合う

　本時の学習は，探究の過程であるとともに，話し合い方を学ぶ場面である。そのためには，話し合いをどう展開するかを話題とした「メタ対話」に取り組むことが大切である。本時では，グループごとに話し合いの計画を立てたものを発表し，全体で交流した。交流後，必要に応じて展開の計画を加除修正して話し合いに臨ませた。

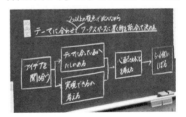

交流した際の板書

❷ 活用
計画に沿って，5つ程度にしぼるために話し合う

　前時で自由にアイデアを考え，付箋紙を貼らせたところ，多量になってし

まった。校長先生に提案する際，本当に必要な物の印象が薄れてしまうこともあるので，アイデアを5つ程度にしぼることとした。これまでの話し合いの学習経験を活用すれば，ある程度まではしぼりこめると判断した。

❸ 習得→活用

表を用いて，複数の視点で比較する話し合い方を学ぶ

　ある程度まではしぼりこめても，最後のいくつかで話し合いが止まり始めるであろう。そのタイミングをとらえることで，話し合い方を学ぶことに子どもたちにとっても必然性が出ると考えた。本時では，複数の視点で比較する話し合い方を身に付けるために，表というツールを与えることにした。本学級の子どもたちは，単一の視点から比較することはできているが，複数で比較することはまだできていないことが多いため，視点がそれぞれになってしまって判断がつかないという状況があった。そこで，表というツールを与えることで，自然と複数の視点で比較しながら話し合えるようにデザインした。

	テーマに対する重要度	だれもが安全	だれもが快適	だれもが便利	実現しやすさ
ホワイトボード	◎	○	○	◎	○
画用紙	◎	○	○	◎	◎

本時で用いた比較のための表（例）

　本時では，教師が「委員会の打ち合わせがバッチリできるスペース」のために「はさみ」「マーカー」「うちわ」のどれにしぼるか迷っているという想定で，学級全体で表を使って話し合った。この学習を通して，表の使い方やその場面での話し合い方を習得させ，自分たちのグループで活用させるというプロセスをとることで，どのグループも話し合いの進め方をしっかり理解することができていた。その結果以下のような話合いができるようになった。

ミカ	実現しやすさ。実現しやすいのは…。
ヨウスケ	え，予備用の椅子ってどう実現するの？
キイチ	看板の方が実現しやすくない？
ミカ	え？ 両方実現しやすい，できる…。
キイチ	え，でもさ，予備用の椅子ってなると，どこから…。
ヨウスケ	じゃあ予備の椅子は△だな。看板は，画用紙に書いて貼り付ければいいから簡単だし，実現しやすいじゃん。○かな。便利さはどっちの方がいいだろう？

8 評価の工夫

・**実感の伴った自己評価を促す**

　校長先生へのプレゼン発表後，提案内容のいくつかを実現できた。その結果，他学年の子どもたちがカルタ大会に使ったり，休み時間に集ったりするようになった。実際に活用されている様子を子どもたちは見て，話し合うことの意義や有効性を実感できたようだ。子どもはまた話し合いたいという。

・**話し合いの可視化を評価のサポートとする**

　本時では，A3大の写真上にアイデアを書いた付箋紙を貼ったり移動させたりといった操作をさせた。また，複数の視点で比較する際には表に◎○△を記入させながら話し合わせた。こういった話し合いの可視化は，子どもたちの全員参加を促すとともに，教師が話し合いの状況を瞬時に把握し，指導する上でも有効である。付箋の残り具合や記号のつけ方を見ながら，問いかけることで，それまでの話し合いを評価する材料を得られる。

〈北川雅浩〉

一枚ポートフォリオで学びを蓄積し，読む力の習得をメタ認知する学習過程

単元名：椋鳩十の作品を読み味わい，「読みシュランガイド」で紹介しよう

時期：2学期　領域：読むこと　時間数：全8時間
関連教材：「大造じいさんとガン」（光村図書5年）

─1　深い学びを生み出す習得・活用・探究の学習過程のポイント─

①単元学習前の読書活動から課題を設定する。（探究）
②教材文を読み，優れた表現に着目する読み方を学ぶ。（習得）
③椋鳩十作品の読み味わい方や優れた表現について紹介する。（活用・探究）

　本単元では，単元学習前に子どもが椋鳩十作品に触れる機会をつくり，「物語を読み味わうためにはどんな読み方をすればいいか」という問いから学習課題を設定する。物語を読み味わう方法として，優れた表現（行動描写，情景描写，場面の描写）に着目する読み方を指導するが，他作品にも活用できる読みの力を習得させるには，教材学習を通して身に付けた読みの力を子ども自身が把握し，習得の過程をメタ認知するための手立てが必要である。そこで，学習をふり返って自己評価する活動を設定し，1枚のポートフォリオに学んだ読み方を記録させていく。ポートフォリオを通して学びの蓄積と習得の過程をメタ認知させることで，習得から活用，探究へと学びを深めることができると考える。

───── 2　単元のねらいと概要 ─────

　本単元では，行動描写や情景描写に着目し，直接書かれていない人物の深い心情を読む力を身に付けさせることを課題とする。第一次で課題を設定した後，第二次で教材文を使って読み方を学ばせる。第三次では，身に付けた

読み方を活用して椋鳩十の作品を再読し，おすすめの読み方や優れた表現などを１枚のカードにまとめさせる。これらの活動を通して，子どもの読む力の向上を評価するとともに，他作品への興味をもたせ，単元後も主体的に文学作品を読もうとする態度を育てることができると考える。

付けたい力
○登場人物の相互関係や心情，場面についての描写をとらえ，優れた表現に着目して自分の考えをまとめる力
○優れた表現とそれについて考えたことを交流し，文学作品を読み味わうための方法を学び合う力

3 主な評価規準

○登場人物の相互関係や心情，場面についての描写をとらえ，優れた表現に着目して自分の考えをまとめている。　　　　　　　　　　　（読むこと　エ）
○優れた表現とそれについて考えたことを交流し，文学作品を読み味わうための方法を学び合っている。　　　　　　　　　　　　　　（読むこと　オ）

4 単元のイメージ

	学習過程	
第０次	読書活動	○図書の時間に学級文庫の椋鳩十作品を読んだり，教師の読み聞かせを聞いたりする。
第一次（二時間）探究	単元の学習目的の理解　↓　選書	第１時　学習課題を設定し，学習の見通しをもつ。○第０次の読書活動をふり返り，課題を設定する。　…①○担任が作った「読みシュランガイド」のモデルを見て，第三次の活動についてイメージをもつ。　　椋鳩十の作品を読み味わい，「読みシュランガイド」で紹介しよう。○単元の学習過程を知り，見通しをもつ。

第二次（四時間）習得・活用	物語の概観をつかむ ↓ 本単元までに習得した読み方で読む ↓ 新しい読み方の発見 ↓ 優れた表現に着目して読む技能の習得 ①行動描写 ②情景描写 ③場面の描写 ↓ 習得した読みの技能を使った作品の読み方をまとめる	○教材文を読み，登場人物，場，時間の経過，あらすじをつかむ。 第2時　教材文を読み，人物の相互関係をとらえる。 ○大造じいさんの残雪に対する見方が分かる叙述に着目して読み，その変化をとらえる。 ○次時の課題を知る。 第3～6時　教材文と選んだ本を読み進める。　…② 優れた表現に着目して作品を読み，学んだ読み方を習得シート（ポートフォリオ）に書きためていこう。 ○大造じいさんの心情を表す行動，情景，場面の様子に着目して読み，優れた表現について自分の考えを書く。（第3・4・5時） ○グループやクラスで考えを交流し，どんな表現に着目して読むかを学び合う。（毎時間） ○物語を味わうための読み方を発見し，ポートフォリオに記入する。（毎時間） ○第二次の学習をふり返り，椋鳩十作品の読み味わい方について自分の考えをまとめ，選んだ作品を再読する。（第6時）
第三次（二時間）活用・探究	椋鳩十作品の優れた表現を紹介する ↓ 単元のふり返りと読書活動への意識付け	第7・8時　椋鳩十作品の読み方や優れた表現について考えをまとめ，紹介する。 選んだ作品のおすすめの読み方や，優れた表現について自分の考えをまとめ，紹介しよう。 ○椋鳩十作品の読み方や優れた表現について考え，「読みシュランガイド」にまとめる。　…③ ○3～4人のグループになり，自分が選んだ作品の読み方や優れた表現を紹介し，感想を伝え合う。　…④ ○単元をふり返り，自分の読みの変容と，これからの読書について考えをまとめる。

5 単元全体の学習過程のポイント

① 探究につながる活動
単元前の読書活動から学習課題を設定する

　物語を読むことへの課題意識を高め，単元学習に対する興味をもたせるためには，単元に入る前から関連図書に触れる機会を意図的に設定することが望ましい。本単元では，学級文庫に椋鳩十作品を置き，日常的に様々な読書活動を行った。そうすると，子どもは自然と椋鳩十作品に興味をもち，積極的に読むようになる。こうした読書活動の中で，「物語を読み味わうためにはどんな読み方をすればいいのか」という問いをもたせることで，読書への課題意識を高め，単元の学習課題を設定することができる。

　また，第三次で作る紹介カード（読みシュランガイド）を公立図書館に展示することを伝えると，多くの子どもが紹介カード作りに興味を示した。

② 習得→活用
物語を読み味わうために，優れた表現に着目して教材文を読み進める

　第二次では，椋鳩十作品を読み味わうために，優れた表現に着目して読む技能の習得を図る。そのための手立ては３つある。１つ目は，教師が読みの観点を示すことである。優れた表現として，中心人物の行動描写，情景描写，場面の様子を想像させる描写，という３つの観点を示すことで，子どもは観点に沿って教材を読み進めることができる。２つ目は，交流活動である。交流活動は，読みの観点を具体化し，より明確な着眼点を共有するために行う。交流を通して，行動描写については，「繰り返しの表現」，「時間を表す表現」，「行動を強める修飾語」という３つの具体的な着眼点が明らかになった。情景描写については，「色彩表現」，「天気や季節を表す表現」，「自然の様子」という着眼点に加え，前後に書かれた人物の描写と合わせて考える，という

読みのポイントが子どもから示された。場面の描写については、「動きを表す表現」、「音を表す表現」、「比喩」に着目すればよいということが明らかになった。手立ての3つ目は、自己評価活動である。交流後は、自分が学んだ読み方をふり返り、ポートフォリオに記録させる。1時間の学びを自分の言葉でまとめることは、読む力の習得をメタ認知させる上で大変有効である。

③ 活用

教材文を読んで身に付けた読み方を生かして、自分が選んだ作品を読む

第三次では、第二次の学びを生かして椋鳩十作品を再読させる。ポートフォリオを使って学んだ読み方をふり返らせるとともに、優れた表現に付箋を貼りながら作品を読み進めるよう指導する。子どもは、おすすめの読み方、作品の特徴、優れた表現とそれに対する自分の考えを「読みシュランガイド」にまとめた。多くの子どもが、習得した読み方で作品を読み、自分の考えをまとめることができた。

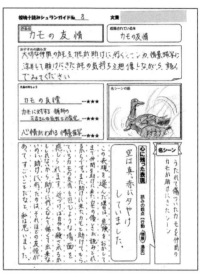

④ 活用→探究

椋鳩十作品の読み方や優れた表現を紹介し合い、興味をもった作品を読む

単元のまとめとして、「読みシュランガイド」を使って、自分が選んだ椋鳩十作品を紹介し合う活動を行った。この活動を通して、子どもは興味をもち、すすんで読む姿が見られた。また、単元終了後も、「読みシュランガイド」を自主的にまとめる子どもが多くいた。

6　本時の流れ（4時／全8時間）

時	学習活動	指導上の留意点
10分	○前時の問いをふり返り，課題を設定する。　…❶ ○「秋の日が，美しく輝いていました」を例に挙げ，情景に隠された大造じいさんの心情を考える。	本時への課題意識をもたせるために，前時の終末に問いを立てる。
	情景にかくされた大造じいさんの心情を読み味わおう。	
10分	○大造じいさんの心情を表した情景描写にサイドラインを引きながら読み，伝わってくることを学習ノートに書く。　…❷	
10分	○線を引いた叙述と自分の考えをグループで交流し，学んだことを書き加える。	交流を通して，描写にある色彩表現や天候に関する表現に気付かせ，情景の読み方を具体化させる。
10分	○全体で交流し，作品を読み味わうためのポイントをまとめる。　…❸	
5分	○本時の学びをポートフォリオに記入する。	学んだ読み方を自分の言葉でまとめさせる。

7　本時の学習過程のポイント

❶ 探究→習得

前時の問いから本時の課題を設定し，情景描写の読み方を指導する

　前時の終末に「行動描写以外に人物の心情を表した表現はあるか」という問いを立て，本時への課題意識をもたせておく。本時の導入で問いをふり返

るとともに，第一場面の「秋の日が，美しくかがやいていました」という叙述を例に挙げ，文脈と表現から情景描写に隠された登場人物の心情をとらえる読み方を指導する。導入時に情景描写の読み方を理解させることで，身に付けた読み方を生かして教材を読み進める活用段階へ展開することができる。

❷ 活用
身に付けた読み方で，情景描写に隠れた登場人物の心情を読ませる

習得段階で身に付けた読み方で教材を読ませ，情景描写から伝わってくる大造じいさんの心情を学習ノートに書かせていく。言葉のイメージのみで考えるのではなく，それまでのストーリー展開を踏まえた上で，具体的な心情を想像するよう指導する。子どもは，学んだ読み方を生かして，複数の情景に着目し，自分の考えを学習ノートに書くことができた。

○「あかつきの光が，小屋の中にすがすがしく流れこんできました」に着目した子ども
・この情景からは，ここまでうまくいったんだから今度こそ成功するさという期待と，うまくいきそうな予感が伝わってくる。流れこんできた光は，大造じいさんには成功の光のように見えたと思う。

○「東の空が真っ赤に燃えて，朝が来ました」に着目した子ども
・真っ赤という言葉から，戦闘開始の勢いとあらあらしい戦いへの思いが伝わる。一年間待ちに待って「いざ勝負！」という強い思いで，空も心の中も燃えている。

❸ 習得
着目すべき表現を全体で共有し，情景描写の読み方を具体化させる

グループやクラスで交流し，着目した情景とそこから考えたことを学び合うことで，一人学びで気付かなかった叙述に着目することができる。また，それぞれが着目した叙述の共通点を考え，読み味わうための着眼点を具体化するよう指導した。交流を通して，①「色彩表現」，「天気を表す表現」，「自然の様子」に着目する，②直前か直後に書かれた大造じいさんの描写と合わせて心情を考える，という読みのポイントが明らかになった。交流後は，学

習をふり返らせ,学んだ読み方をポートフォリオに記録させた。学びを客観視し,自分の言葉でまとめさせることで,読む力の習得をより確実にすることができる。

8 評価の工夫

・一枚ポートフォリオ評価による学びの蓄積と自己の変容の認知

　本単元では,毎時間の学習のまとめとして,学んだ読み方をふり返り,自己評価する活動に取り組ませました。一枚のポートフォリオに毎時間の自己評価を記録することで,学びの蓄積を視覚的に認知できるよう工夫した。子どもが書いた自己評価には,教師がコメントを入れ,形成的に評価することで,次時への学習意欲を高めたり,自己評価の仕方を適切なものに修正したりすることができる。子どもは,ポートフォリオを見返すことで身に付けた読み方を再確認し,それを活用して他作品を読むことができる。習得した読みの技能を認知させる上で,このような一枚ポートフォリオは大変有効である。また,診断的な自己評価と総括的な自己評価を比較することができるので,自己の変容を自覚させることにも効果的である。

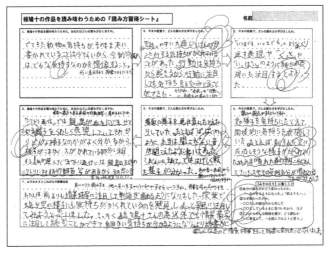

〈清水達郎〉

第6学年

子どもの思いと教師の願いからつくる「習得→活用」を積み重ねる学習過程

単元名：賛否両論！今，話し合いたいこの話題

時期：通年　領域：話すこと，読むこと　時間数：全5時間
関連教材：「学級討論会をしよう」（光村図書6年）

― 1　深い学びを生み出す習得・活用・探究の学習過程のポイント ―

①子どもの課題意識と探究心から単元を構想する。（探究）
②資料から読み取った情報や知識・経験をもとに，立場を明らかにして話し合う。（習得）
③前の話合いを，次の話合いに生かす。（活用）

　高学年の話い合い活動では，課題解決に向けて，参加者全員で意見を出し合いながら進行に協力する意識が求められる。しかし，日頃の人間関係や個々の特性から「積極的に発言・進行をする子ども」「聞き手専門になる子ども」など，役割が固定化しがちな実態がある。
　教師が活動や話題を唐突に与えるのではなく，「友達と話し合いたい」という子どもの興味・関心の高まりから発生するであろう課題について予想する。その上で，子どもに身に付けさせたい力を明確に設定して単元をつくる。こうして，子どもの探究心を生かし，付けたい力に合った「習得→活用を積み重ねる学習過程」を通して対話のよさや効果を実感することができれば，今後の課題と向き合う時に「友達と話し合って解決した経験を生かしてみよう」という探究する力につながると考えた。

―――― 2　単元のねらいと概要 ――――

　本単元では，自分の意見にしっかりとした根拠をもち活発に意見を出し合う，参加者全員で協力しながら課題を解決する力の高まりをねらう。そのた

めに,学級の「友達と話し合いたい話題」を2つ決めて,話合い1（習得・活用）→話合い2（習得・活用）を積み重ねる。その際,個別の知識量による差を考慮して,共通の資料を用意する。また,話合いに意義をもたせるため,単元の終了後に,活動を通して出された意見をもとに自分の考えを整理して,意見文にまとめる活動を設定した。

付けたい力
○互いの考えの違いを大事にしながら,多くの考えを関係付けて計画的に話し合う力
○自分の立場を明確にして根拠を述べたり,相手の意図を考えながら質問したりする力

――――――― **3 主な評価規準** ―――――――

○自分の考えをまとめるために,立場や意図を明らかにして,計画的に話し合おうとしている。　　　　　　　　　　　　（話すこと・聞くこと　ア）
○資料から読み取ったことや,知識をもとに根拠を述べたり,相手の意図を考えながら質問したりしている。（話すこと・聞くこと　イ）（読むこと　オ）
○自分の考えをまとめるために,出された理由を整理・分類したり,関連づけたりしながら話し合っている。　　　　　　（話すこと・聞くこと　オ）

――――――― **4 単元のイメージ** ―――――――

第0次	学習過程 **意欲の醸成期間**	○日直スピーチに取り組む。 ○「あなたはどっち派！？」で,立場の違いを楽しむ。 ○友達と話し合いたい話題を集める。 　　　　　　　　　　　　　　　　　…①
第一次（一時間）	**話し合う目的の理解**	第1時　課題を設定し,学習への見通しをもつ。 意見文を書くための話合いを計画しよう。 ○募集した「話し合いたい話題一覧」から話題を選ぶ。 ○話し合う話題を決める。

探究		【話合い1】組み体操【話合い2】人工知能（AI） ○全体で，討論をするための学習計画を立てる。 ○【話合い1】の話題を確認する。 　「組み体操は続けるべきか，やめるべきか」 ○現時点での自分の立場を，ワークシートにある「意見の 　バロメーター」で表す。　　　　　　　　　　　　…④ ○個人で，それぞれの立場のよい点と問題点を考える。
	全員が両方の立場からの理由を考える。（1日程度時間を取る。）	
第二次（四時間）習得→活用❶	分類・整理をする 話合い方の 理解・活用 ⬇	第2・3時　1つ目の話題について話し合う。　　…② それぞれの理由を話し合って整理・分類しよう。 ○全体で，話題を確認する。 ○分類・整理の話合い方を知る。動画を見る。 ○出てきた内容を分類・整理していく話合いをする。 ○分類したグループに名前を付ける。 例：「伝統」「絆が深まる」「安全性」「周囲の期待」
	討論の方法や 参加意識の理解 ⬇	意見の違いを意識して，討論をしよう。 ○友達の意見を確認し，自分の意見のバロメーターの位置 　や意見を確認する。　　　　　　　　　　　　　　…④ ○討論の進め方を，動画を見て知る。　　　　　　　…④ 　①自分の意見（立場）を言う。 　②お互いの立場に対して質問をする。 　※考えは個人でまとめる。グループではまとめない。
	意見を出し合う 討論の活用 ⬇	○前半グループが討論をする。
	バディからの助言 によるふり返り ⬇	○討論の様子を伝えて，アドバイスする。 ○グループを交代して討論②をする。 ○討論の様子を伝えて，アドバイスする。 ○自分の結論をまとめる。 ○【話合い2】の話題を確認する。

活用❷		「人工知能は発展させ続けるべきか，やめるべきか」 ○現時点での立場を「意見のバロメーター」で表し，それぞれの立場のよい点と問題点を考える。　…④
	全員が両方の立場からの理由を考える。（１日程度時間を取る。）	
探究	分類・整理をする 話合い方の活用・ ふり返り ↓	第４・５時　２つ目の話題について話し合う。　…③ ○全体で，話題と分類・整理の話合い方を確認する。 ○出てきた内容を分類・整理していく話合いをする。 ○分類したグループに名前を付ける。
	討論の方法や 参加意識の活用・ ふり返り ↓	○友達の意見を確認し，自分の意見のバロメーターの位置や意見を確認する。　…④ ○討論の進め方を，確認する。 ○前半グループが討論をする。→アドバイスする。 ○グループを交代して討論をする。→アドバイスする。 ○自分の結論をまとめる。
	次の単元 （書くこと） ↓	自分の立場を明確にして，意見文を書く。 ○討論で話し合った２つの内容から意見文に書く内容を決める。 ○自分の意見を明確にして意見文を書く。 ※自分の立場に関して，相手を納得させることができる理由について，根拠となる事例を挙げて書く。 ※予想される反論を挙げ，それに対する考えを書く。
	課外	○書き上げた意見文を日刊新聞として印刷・配布をし，校内の子どもや家族に読んでもらい「読者カード」で感想をもらう。

5　単元全体の学習過程のポイント

①探究につながる活動

子どもの課題意識と探究心から始まるように，単元を構想する

子どもの「友達と話し合いたい」「よりよく話し合えるようになりたい」

という思いから学習を始めたい。そのために教師は，子どもの実態や思いを考慮して，単元に入る前の段階から構想を練っていく。

【日直スピーチ】朝の会などに設定する。スピーチと討論では種類が違うが，次にあげるいくつかの点を意識づけするには有効である。「テーマに沿った話題を選ぶ」「大勢の前で話す」「自分の意見を話し言葉で表現する」「友達のスピーチ内容に対して感想や質問を返す」以上のことを，どの子どもにも同じように経験させたい。

【「あなたはどっち派!?」で，立場の違いを楽しむ】やはり朝の会や国語の帯単元などとして，時間を決めて取り組む。はじめに，お題（例：犬派・猫派）を提示する。子どもは，どちらかを選択して理由を書いた短冊を名前マグネットで黒板に掲示する。日直や輪番の司会が進行役を務めながら，2つの立場にどのような意見があり，どのような反論があるか書いた本人に発表してもらいながら，まとめていく。

② 習得→活用
読み取った情報や知識・経験をもとに，立場を明らかにして話し合う

子どもが討論で意見を述べる時に，それを支えるのは個々の知識や経験になる。全員参加で活発に話し合いたいという子どもの思いを達成するために，今回は個別の知識量による差を考慮して，共通の資料を用意した。集めた範囲は，新聞・雑誌・ブログ・ホームページ・パンフレット・文集などから，話題に合わせて選んだ。また，どちらの立場からも意見がもちやすいものや，論調が明らかにどちらかに寄っているものなどを合わせて，記事の面積やインパクトの上では均等になるように取り上げた。

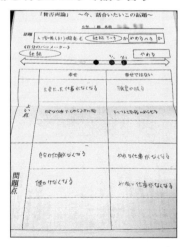

この資料は事前に全体で読んで，意見の材料にした。日頃は具体例を挙げることのない子どもでも，全員が自分の意見を支える根拠を

もって話し合いに参加することができた。

③ 習得→活用
前の話合いで学んだことや考えたことを，次の話合いに生かす

話し合い経験の少なさが課題の１つとなっていた。そこで，１つの単元の中で話題を２つ取り上げ，１つ目の話合いで習得・活用した経験を，２つ目の話合いに生かす「習得→活用を積み重ねる学習過程」を設定した。

④ 習得→活用
視覚化でとらえやすくする

話し合いに対する苦手意識が高い子どもは「自分の考えを言葉にできない」「話し合われている内容を理解できない」など，技能的課題がある場合も多い。そのため，「間」や対話の流れを動画で提示することで，苦手意識の高い子どもにも具体的イメージがつかめるようにした。また，話合いシートには，立場のバロメーターを書き込んだり，意見をマトリクス表で分類したりして討論に生かせるようにした。

6　本時の流れ（5時／全5時間）

時	学習活動	指導上の留意点
3分	○前時までの学習をふり返り，自分の意見を確認する。 ○本時のめあてをつかみ話題を決める。　…❶	いつでもふり返ることができるように，学習計画や前時までの内容を掲示する。
7分	互いの意見の違いを意識しながら討論しよう。 ○「討論のポイント」を確認する。　…❷ ○討論の進め方を確認する。 　①立場を言う。 　②理由を言う。 　　【具体例を挙げる】	①全員参加 ②立場と理由を明確に。 ③友達の意見を聞

	【意見を関係付ける】 ③質問する。	き自分の参考にする。 対話をつないでいけるように「キーセンテンス」を示す。
10分	○「賛成」「反対」の立場を明らかにして討論する。 （前半グループ）	なかなか発言できずにいる子どもには，自分の立場や意見をバロメーターで確認させる。
5分	○バディグループからアドバイスを受ける。	助言は「討論のポイント」を意識した話し合いができていたか，発言の仕方はどうだったかなど，掲示を示しながら助言する。
10分	○討論をする。（後半グループ） ○バディグループからアドバイスを受ける。	
5分	○討論で出てきた意見や具体例をもとに，自分の考えをまとめる。	
5分	○今日の討論についてふり返る。	

―――――― 7 　本時の学習過程のポイント ――――――

❶ 探究につながる活動

学級全体で「友達と話し合いたい」と考えて選んだ話題を取り上げる

　条件は「賛成・反対」など立場が分かれやすいもの，賛否両論あるもの，全員が実感をもって話し合えそうなものとした。予想では「組体操」「動物園」だったが，子どもは今後の未来についても友達と話し合って考えたい，と「組体操」「人工知能」を選んだ。

❷ 習得→活用
前の話合いで学んだことや考えたことを，次の話合いに生かす

　本時は，討論の２回目になり，子どもは前回の話合いをもとにして話し合ったり，バディを評価したりした。また，互いの話し合い方を評価することで「始めに立場を伝えているな」「理由を具体的にするために事例が言えているな」など，ポイントをはっきり意識するようになった。

8　評価の工夫

・**学習感想によるめあてのふり返り**

　学習計画は教室で掲示し，子どもが何に取り組むのかすぐに分かるようにした。また子どもには，学習活動・めあて・学習感想を書き込める表を配り，そこで学習感想を書いてふり返りをさせるようにした。毎時間のふり返りは，自分を客観的にとらえて考える力につながる。

・**バディグループによる話し合い方のふり返り**

　話し合い方を客観視する手段の一つとして，バディグループによるアドバイスが有効である。話し合っているすぐ横で，バディの友達がその時間に目標とする話し合い方をチェック項目で評価する。話合いが終わるとすぐに，チェック用紙を一言感想と一緒に渡す。このシステムは互いに高め合う姿勢が身に付く。

・**教師の声かけやコメントによる評価**

　話し合い活動では，一単位時間で全員に指導や助言を行うことは難しい。またバディシステムで相互評価は行うが，その評価が必ず適切に行われている保証はない。そこで，教師による評価も欠かせない。予め指導事項に照らして評価をし，座席表型指導簿を作成した。支援が必要な子どもやグループに重点を置いて声をかけるなど，適切に指導をしていく必要がある。また，学習感想にコメントを書き，助言をしたり，褒めたりした。そのことにより，子どもの学習状況を確認して指導したり，次の活動への意欲を高めたりすることができると考えた。

〈藤村由紀子〉

学びに向かう力を高める活用を意識した単元開発と学習過程

単元名：12歳の恋文―自分の思いを随筆的文章で書こう

時期：2学期　領域：書くこと　時間数：全6時間
関連教材：「忘れられない言葉」（光村図書6年）

――1　深い学びを生み出す習得・活用・探究の学習過程のポイント――

①子どもの「書いてみたい」から授業をはじめる。（探究）
②教師の例文から書くことに必要なことを考える。（習得）
③手紙を相手に届けたり，新たな手紙を書いたりする。（活用）

卒業まであと数か月となった6年生は，これまでの小学校生活に思いをはせ，様々な感慨をもっている。様々な経験を通して自分に自信をもち，豊かに成長してきた。その経験や成長のもとになっているのは，「自分」と自分を取り巻く「人」や「もの」とのつながりである。そこに恋文というこの時期の子どもに興味のある題材を投げかけることで，学びに向かう力が高まり，探究→習得→活用という学習過程が子どもから自然とできる。また，子どもの興味・関心に基づいた学習であるため，書く技能も自分から習得しようと，教師の例文から探究するようになり，効果的な学習へとつながる。

―――― 2　単元のねらいと概要 ――――

本単元では，「人」や「もの」に恋文を書き，小学校生活をふり返ることで，随筆的な文章を経験する。自分と書いた相手とのつながりを改めて見直すことで，自分のものの見方や考え方を深めるとともに，自分の生き方にも目を向けられると考えた。まずは，教師の例文を用いた学習の中で，具体的な出来事を整理して書くことについて学び，その後，気持ちが伝わるよう効果的に書く活動につなげていく。最後に，恋文を相手に渡したりタイムカプ

セルに入れたりすることで,実の場で活用し,充足感や達成感につなげ,次の書く意欲へとつながっていくと考える。

|付けたい力|

○ものの見方,考え方,生き方を思考する力
○手紙形式の書き方を使って,文章を整理し,まとめる力

―――――― 3　主な評価規準 ――――――

○想いを明確に表現するため,文章全体の構成の効果を考えている。
　　　　　　　　　　　　　　　　　　　　　　　　（書くこと　イ）
○大切なものを通して自分を見つめ直し,書く事柄を収集し,整理している。
　　　　　　　　　　　　　　　　　　　　　　　　（書くこと　ウ）

―――――― 4　単元のイメージ ――――――

	学習過程	
第０次	単元の耕し	○物を中心に扱ったエッセーや随筆を読む。　…① ○６年間の思い出や成長をふり返る。
第一次（三時間）探究・習得	単元の学習目的の理解　↓	第１時　課題をつかみ,学習の見通しをもつ。 ○教師の例文を読んだり例文を比較したりして,恋文について知る。　　　　　　　　　　　　　　…②,③ ・恋文ってドキドキ,ワクワクする。書きたい。 恋文を書く大切な物を決め,その理由を書こう。 ○学習の見通しをもち,自分の大切な物について思い起こす。
	課題の設定 書く材料の 取材と選材　↓	第２・３時　取材を深め,題材を選択する。 ○マッピングをしながら,書く材料を集める。　…④ ○自分が題材にしたいものを決定する。 ○マッピングで書く材料を集めながら,大切な物への一番強い思いを考える。
	マッピングを 用いた構成	第４時　構成を決め,思いが伝わるように書く。 思いが伝わるよう表現方法を工夫して記述しよう。

第二次（二時間）習得	効果的な記述	○例文をもとにして，構成を考える。　　　　…③，④ ○マッピングをもとにして，大切な物への恋文を書く。
	友達との検討を踏まえた推敲 ↓	第5時　思いが効果的に伝わる文章になっているか確かめる。 ○思いが伝わるような文章になっているか交流する。 ○友達の推敲を参考にもう一度見直す。 ○推敲したことをもとに，手紙用紙に清書する。
第三次（一時間）活用 実の場での活用	認め合いの交流 ↓	第6時　完成した恋文を読み合う。 書き手らしさが表れたエピソードや考え方に着目して，よさを見つけよう。 ○交流会を開き，友達の作品を読み合う。 ○友達のよさを見つけ，付箋に書いて伝え合う。 ・自分の成長や6年間の思い出について考えが深まった。 ・友達の考え方も面白いな。
	作品の活用	○恋文集として綴じて，学級文庫に置く。　　　　…⑤ ○恋文集をタイムカプセルに入れ将来の自分へ送る。 ・将来タイムカプセルを開けるのが楽しみだな。 ・今度は親や友達にも書いてみようかな。

5　単元全体の学習過程のポイント

①探究につながる活動

第0次を計画的に実施する

　読んだこと，触れたことのない文種の作品を書くことは難しい。特に随筆は，小学生にとって関わりが少ない文種である。そこで，随筆やエッセーなどを，学級文庫に意図的に置いたり読み聞かせを行ったりすることで，身近な作品にしておくことが効果的である。また，書くこと自体に抵抗があることも予想されるので，長期の0次を設定し，普段から日記や課題作文などを実施し，書くことに慣れさせておくことも重要である。

②探究につながる活動
恋文という形態での随筆的文章を書く
　随筆は，小学生にとってイメージをもちづらく，書きたいという思いが高まりづらい文種である。そこで，物に対する恋文という形態を取ることで，イメージをもちやすくした。さらに，特別な思い入れのある物を見つめることで，その物に対する思いや自分とのつながりを想起することができる。それは，自分の生活をふり返り，自分自身を見つめ直すことにもつながり，随筆の目標である「ものの見方や考え方，生き方などを見つめ直したり深めたりすること」ができる。

③習得
教師が書いた例文を用意する
　書くことにおいては，子どもが参考とする例文がとても大切である。教科書に載っている教材文だけでなく，教師が子どもに合わせて例文を用意することで，書かせたい観点をしっかりとおさえることができる。また，教師が実際に書くことで，子どもがつまずきやすい点も見えてくるので，指導が明確になる。本単元では，教師が書いた例文を４作品用意した。多くのパターンを用意することで，子どもが共感しやすく，より多面的・多様的に書く手助けができると考えた。しかし，全てを解説するには時間がかかるので，全体で確認する作品は１つに絞って指導を行った。

④習得
マッピングを使って取材や構成を行う
　恋文を書く「物」に対するイメージを膨らませることがとても重要になってくる。そこで，実際に「物」を学校に持ってきて，その「物」を見ながら思いを膨らませてマッピングを行った。そのマッピングを友達と交流すること

子どもが持参した「大切なもの」

で，さらに思いや背景を広げていくことができた。

　構成表にもマッピングできる部分を作ることで，具体的な経験や考えを書きやすくなり，記述の際にスムーズに書き進める一助となった。また，書く順番の工夫にもつながった。そのため，記述から構成や取材に立ち返る子どもも見られた。自ら必要な学習過程に戻って取り組むという往復する学習過程をとっている子どもも見られた。このように往復する学習過程を子どもに取らせることは，子どもが自ら必要な過程を考えて取り組むことになるので，子どもの主体的な学習になる。

⑤ 活用
実の場に生きる活用を工夫する
　恋文を書くことは，小学校生活をふり返るだけではなく，自分自身のものの見方や考え方，生き方を見つめ直したり深めたりすることにつながる。そのことにより子どもは自分の思いを書き表すことへの満足感，つまり，実感としての自己評価を得ると考えた。そして，それを文集にしていつでも見られるようにしたり，タイムカプセルに入れて将来への楽しみにつなげたりすることで，書くことのよさを味わい，学びに向かう力を高める活用となる。

6　本時の流れ（4時／全6時間）

時	学習活動	指導上の留意点
4分	○前時をふり返り，マッピングから選材までの活動を思い起こす。　…❶	いよいよ書く活動であり，意欲の高まりを促す。
6分	○本時のめあてを確認する。	
	構成をもとに，表現方法を工夫して恋文を書こう。	
12分	○構成表の書き方を知る。　…❷ ○効果的な構成表を書く。 ○マッピングで内容を膨らませる。	どの順番で書くと効果的なのか意識させる。
20分 3分	○構成表をもとに恋文を書く。 ○終わったら，効果的な文章か推敲する。 ○本時の学習をふり返る。	いつでも構成に戻ってよいことを伝える。　…❸ 表現方法を工夫するよう，机間指導し声かけを行う。

7　本時の学習過程のポイント

❶ 探究につながる活動→習得

単元の流れを想起させ，本時の学習の見通しをもたせる

　前時では，大切な物についてマッピングを用い，思いを膨らませている。思いが膨らんでいるからこそ，本時では恋文をすぐにでも書きたいという学びに向かう力が高まっている。また取材に時間をかけているので，すぐに構成に取り組める状態になっている。そこで本時は構成だけで終わるのではなく，一気に記述までの活動ができることを子どもに伝えることで，意欲が高い状態を持続させて学習を進めることができる。

❷習得
観点を明確にすることで，構成をスムーズに行わせる
　構成は，5つの観点を提示し，それをどの順番で書くことで効果的に思いが伝わるかを考えさせた。

```
＜5つの観点＞
 ①大切な物との出会い
 ②大切な物との思い出
 ③自分の成長
 ④大切な物とのこれから
 ⑤使ってよかったと思うこと
```

　観点の順番を考えるだけにしたことで，素早く，簡単に，構成を考えることができるようになった。また，構成の作成時間にも，子どもによって差が出るため，構成表の下にマッピングで具体的に書く部分を設けることで時間差がなくなり，記述の際にもスムーズに書ける手助けとなった。

❸習得
記述の際も構成を見直せる往復する学習過程
　構成が固まり記述に進んだとしても，うまく書き進められない場合がある。それは，構成か取材や選材に原因がある場合が多い。そこで，記述中でも構成に立ち返って書く順番を再考できることにした。これにより，子どもは安心して書き進めていくことができる。また，記述の時間を20分間確保することで，子どもが書くことに集中できるようにした。集中して書き進めていくと，自分の「ものの見方や考え方，生き方」などを見つめ直す機会となる。その際，教師が机間指導を行い，悩んでいる子どもの思考を整理することが大切である。

――――――― 8　評価の工夫 ―――――――

・**学習感想には学びの過程を記述させる**
　授業の終末には学習感想を書かせ，自己評価をさせる。こうしたふり返りの活動は，自分の学びを再認識し，学びを深める有効な方法の1つである。その際に，子どもにだけ感想を書かせて終わるのではなく，教師もその感想

に対して評価をすることで、子どもの次時への糧となる。そして、教師の期待に応えようと、さらに詳しく自己評価をできるようになる。

〈子どものふり返り例〉

・大切な物に対しての思いが、さらに深くなったのでよかった。
・文章に表してみると、改めて大切な物だと感じた。
・恋文は難しくて、六年だから書けるんだなと思った。記述がすらすら書けてうまくいった。
・文末を「〜ね」や「〜よ」と語りかけるような表現で書き、工夫できた。

・**座席表型支援シート**

記述の際に教師は、机間指導を行うことで子どもの支援を行っていく。

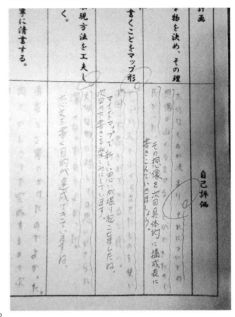

しかし、1人の子どもに時間をかけすぎたり、困っている子どもに気付かなかったりする場合が考えられる。そこで、座席表型の支援シートを作成し、子どもの学習状況を記録しておくことで、机間指導を効率よく行うことができる。また、この支援シートに毎時間の評価を書きこんでいけば、単元を通しての評価表にもなり、効率よく指導と評価が行える。

〈松江宜彦〉

おわりに

　本書は，子どもの主体的な学習になるように学習過程を工夫することを提案するものである。
　本書で提案したいことを誌面の都合上以下の2点にまとめる。
(1) 習得・活用・探究について

　今までの学校の授業では上の図のようにまず習得し，それを使って活用し，それを発展させて探究になるという流れである。しかしそれでは子どもの主体的な活動にはならないと考える。どうしても最初の習得が教師主導になってしまうからである。そこで学習過程を以下のように組み替える。

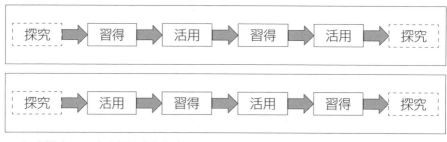

　まず探究につながる活動を単元の最初に入れ，それによって単元の活動自体が探究になるようにする。そこで明らかになった必要な能力を習得して活用したり，とりあえず活用してみてそこから明らかになった必要な能力を習得したりする。そのような学習過程で授業を行うことで，子どもに知識・技能だけではなく，思考力・判断力・表現力等，学びに向かう力・人間性等をも育てることができると考えている。
(2) 柔軟な学習過程について
　今まで教師が学習過程と時間を決めて全員が同じことを，進度を揃えて行

うことが多かった。しかし本書では柔軟な学習過程として往復する学習過程を個に応じた学習過程について提案する。

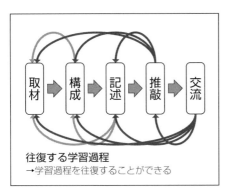

往復する学習過程とはいつでも必要に応じて学習過程に戻ってよいようにすることである。そのことによって子どもの思考に沿った学習になり，子どもの主体的な学習になるようにする。

それから個に応じた学習過程とは個人個人にあった学習過程にすることである。子どもによって得意な方法があるし，支援の量や種類も異なる。そのため子どもの実態に応じた学習過程を取ることで主体的で，効果的な学習になると考えられる。

このように２種類の柔軟な学習過程を取ることで，主体的な学習過程になると考える。

以上学習過程の効果を明確にして工夫していくことは子どもの主体的な学習につながり，知識・技能だけでなく思考力・判断力・表現力等，学びに向かう力・人間性等をも育成することにつながる。本書で挙げられた事例をもとに読者の先生方等に学習過程の工夫をして頂き，子どもの主体的な学習をデザインして頂けると幸いである。

本書の刊行にあたり，企画の始めの段階から，編集，完成に至るまで，明治図書の木山麻衣子氏，吉田茜氏には並々ならぬお世話を頂いた。この場をお借りして厚く御礼申し上げる次第である。

2017年３月

編著者を代表して　細川太輔

【編著者紹介】

細川　太輔（ほそかわ　たいすけ）
1978年東京都生まれ。東京学芸大学准教授。東京大学教育学部卒業，東京学芸大学連合大学院修了。教育学博士。私立小学校教諭，東京学芸大学附属小金井小学校教諭，東京学芸大学講師を経て，現職。主な著書に『国語授業アイデア事典　アクティブ・ラーニングがうまくいく！ペア＆グループ学習を取り入れた小学校国語科「学び合い」の授業づくり』（明治図書）などがある。

大村　幸子（おおむら　さちこ）
1977年茨城県生まれ。東京都武蔵野市立桜野小学校指導教諭（国語）。玉川大学教職大学院専門職学位課程修了。現在，東京学芸大学大学院修士課程在籍。主な著書に，「「深めて広げる」話し合い活動の指導」（『月刊国語教育研究』505号，日本国語教育学会）などがある。

【執筆者紹介】

永井　佑樹	東京都新宿区立落合第五小学校
遠藤　貴子	東京都八王子市立館小中学校
岩佐　洋一	東京都渋谷区立中幡小学校
藤枝　真奈	お茶の水女子大学附属小学校
松村　優子	東京都荒川区立瑞光小学校
小田　健太	東京都世田谷区立中丸小学校
神永　裕昭	東京都足立区立扇小学校
北川　雅浩	東京都葛飾区立中之台小学校
清水　達郎	東京都西東京市立谷戸小学校
藤村由紀子	東京都江東区立東陽小学校
松江　宜彦	東京都中野区立白桜小学校

〈本文イラスト〉　木村美穂

国語授業アイデア事典
深い学びを実現する！
小学校国語科「習得・活用・探究」の学習過程を工夫した授業デザイン

2017年4月初版第1刷刊　Ⓒ編著者　細川太輔・大村幸子
発行者　藤　原　光　政
発行所　明治図書出版株式会社
http://www.meijitosho.co.jp
（企画）木山麻衣子（校正）吉田茜
〒114-0023　東京都北区滝野川7-46-1
振替00160-5-151318　電話03(5907)6702
ご注文窓口　電話03(5907)6668

＊検印省略　　　組版所　藤原印刷株式会社

本書の無断コピーは、著作権・出版権にふれます。ご注意ください。

Printed in Japan　　　ISBN978-4-18-197713-9
もれなくクーポンがもらえる！読者アンケートはこちらから　→